·北京联合大学·

国际商务能力培养中的教与学

（2018—2019）

李剑玲　钱春丽　主　编
赵　进　副主编

知识产权出版社
全国百佳图书出版单位
—北京—

图书在版编目（CIP）数据

国际商务能力培养中的教与学：2018—2019/李剑玲，钱春丽主编. —北京：知识产权出版社，2019.12
ISBN 978-7-5130-6575-7

Ⅰ.①国… Ⅱ.①李… ②钱… Ⅲ.①国际商务—人才培养 Ⅳ.①F740

中国版本图书馆 CIP 数据核字（2019）第 251194 号

责任编辑：石红华　　　　　　　责任校对：王　岩
封面设计：臧　磊　　　　　　　责任印制：孙婷婷

国际商务能力培养中的教与学（2018—2019）

李剑玲　钱春丽　主编
赵　进　副主编

出版发行：知识产权出版社有限责任公司	网　址：http：//www.ipph.cn
社　　址：北京市海淀区气象路 50 号院	邮　编：100081
责编电话：010-82000860 转 8130	责编邮箱：shihonghua@sina.com
发行电话：010-82000860 转 8101/8102	发行传真：010-82000893/82005070/82000270
印　　刷：北京建宏印刷有限公司	经　销：各大网上书店、新华书店及相关专业书店
开　　本：787mm×1092mm　1/16	印　张：12.5
版　　次：2019 年 12 月第 1 版	印　次：2019 年 12 月第 1 次印刷
字　　数：182 千字	定　价：58.00 元

ISBN 978-7-5130-6575-7

出版权专有　侵权必究
如有印装质量问题，本社负责调换。

编委会

编委 李剑玲　钱春丽　赵　进
　　　　刘　洁　乔　莉　王崇桃
　　　　刘晓敏　潘月杰　刘立国

前　言

国际商务专业是国家为适应21世纪国际经济贸易发展需要，增强国家竞争力而设立的新学科。国际商务作为一个学科出现，发端于20世纪60年代初企业在国外直接投资（FDI）现象的大量涌现。随着中国进入世界贸易组织和现代服务业的发展，对专门从事国际商务的专业人才的需求也会越来越大。

首先，国际商务专业是针对我国适应经济全球化趋势，全面建设开放型经济体系的需要，培养具有较强的专业能力和职业素养、能够创造性地从事国际商务实际工作的高层次应用型专门人才而设置的一种专业类型。目前我国已成为世界第二大经济体，世界第一出口大国、第二进口大国，吸引外资和对外投资十分活跃，国际经济合作程度不断加深，正在全面提高建设开放型经济的水平，迫切需要大批高层次、厚基础、复合型、外向型和创新型的国际商务专业人才。然而，我国国际商务专业人才无论在数量上还是质量上与实际需求都存在很大的差距，需要我们加大力度培养。

其次，共建"一带一路"顺应世界多极化、经济全球化、文化多样化、社会信息化的潮流，秉持开放的区域合作精神，致力于维护全球自由贸易体系和开放型世界经济。2013年9月和10月，习近平总书记在出访中亚和东南亚国家期间，先后提出了共建"丝绸之路经济带"和"21世纪海上丝绸之路"的战略构想。"一带一路"倡议的提出，有力地促进了全球的经济合作与发展。"一带一路"倡议提出后，国家对国际商务专业人才的培养有了更高的要求和更多的需求。

"互联网＋"是创新2.0下的互联网发展的新业态，是知识社会创新

2.0推动下的互联网形态演进及其催生的经济社会发展新形态。2015年7月4日,经李克强总理签批,国务院印发《国务院关于积极推进"互联网+"行动的指导意见》,这是推动互联网由消费领域向生产领域拓展,加速提升产业发展水平,增强各行业创新能力,构筑经济社会发展新优势和新动能的重要举措。在新时代大数据新商科背景下,数字经济"互联网+"新形势与中国经济新常态下,对于国际商务专业人才的培养提出了更高的要求。

北京联合大学商务学院于2014年11月5日获得国际高等商学院协会(AACSB)认证资格,正式进入认证环节,标志着商务学院开启了国际化的新起点,目前已经通过了第三轮自评报告。AACSB国际认证中,学习质量保障体系建设是其核心与目标。与学校落实OBE成果导向的教育理念,提升应用型人才培养质量是一致的,需要我们研究和探索国际商务专业人才的培养方案、课程体系与人才培养能力,进行以能力培养为目标的国际商务专业教与学研究。

国际商务专业培养具有社会主义核心价值观,适应国际商务环境和服务区域发展,具有社会责任感、商业道德和创新创业精神,掌握现代经济管理理论及方法,适应国际贸易发展与北京现代服务业发展需要,具有国际视野、团队精神、跨文化交流能力和国际商务决策能力,能够在现代服务业、政府部门及相关企事业单位从事国际商务运营管理工作的"互联网+"创新型的高素质应用型国际商务人才。我们对毕业生的基本要求是具有商业伦理观念,具有国际视野,具有商务沟通能力、批判性思维能力、团队合作能力和国际商务决策分析能力,具有良好的身体素质和心理素质,具有自主学习和终身学习的能力。

在此背景和需要下,北京联合大学国际商务专业出版了这本教研论文集,分为上篇和下篇。上篇为教师篇,呈现了本专业教师关于人才培养、教学理论、教学方法、专业思政及课程思政等教学研究与教学改革方面的研究与思考;下篇是本专业学生在专业教师指导下的优选论文。

在学校和学院领导的指导和支持下,经过本专业全体教师的一致努力,在学校普通本科专业评估中,国际商务专业2017—2018年度在全校排第 17 名；2019 年，我校国际商务专业竞争力在全国排第 53 名（总数 109 个），是三星级专业。

以"立德树人"为根本，以学生为中心，以 OBE 理念成果为导向，结合我院 AACSB 国际认证，深化"专业思政""课程思政"建设，构建"三全育人"格局，北京联合大学国际商务专业全体教师将为培养适应国家需要的国际商务专业人才竭尽全力，继续探索，不忘初心，砥砺前行。

2019 年 8 月 1 日

目 录

上 篇

新商科背景下国际商务专业人才培养模式
　　研究 ……………………………… 李剑玲　陈建斌　钱春丽（3）
新时代，国际商务专业思政的
　　新探索 ……………………………… 李剑玲　钱春丽　赵　进（13）
基于 OBE 的国际商务专业思政课程群建设
　　思考 ……………………………… 钱春丽　李剑玲　赵　进（20）
基于应用型人才培养目标的国际商务专业课程群建设 ……… 赵　进（29）
情景模拟教学法在"组织行为学"课程中的探索 …………… 乔　莉（38）
基于 OBE 理念的"战略管理"课程教学改革与效果评价 … 刘　洁（44）
"管理学"课程思政建设的几点思考与探索 ………………… 潘月杰（59）
国际商务专业学生学术科技素养提升的实践与思考 ………… 刘立国（65）
互联网教育对大学教学的影响及管理策略研究 ……………… 王崇桃（71）
国际人力资源管理课内实验项目设计 ………………………… 刘晓敏（83）

下 篇

PPD 在中国市场的跨文化风险管理研究 …………… 王媛媛　钱春丽（93）
中国航空工业集团国际竞争力评价与提升研究 … 刘　梦　赵　进（107）

北京贝塔科技美国市场进入模式研究 …………… 康逸飞　刘　洁（121）
维京游轮在华竞争战略研究 ………………………… 任泽宇　刘　洁（147）
生产加工型企业商业模式转型升级方向的
　探究 ………………… 牛奥宇　张雪泽　徐颖瑄　李剑玲（168）
现代企业商业模式分析 ……… 王双双　陈玉倩　刘　雪　李剑玲（178）

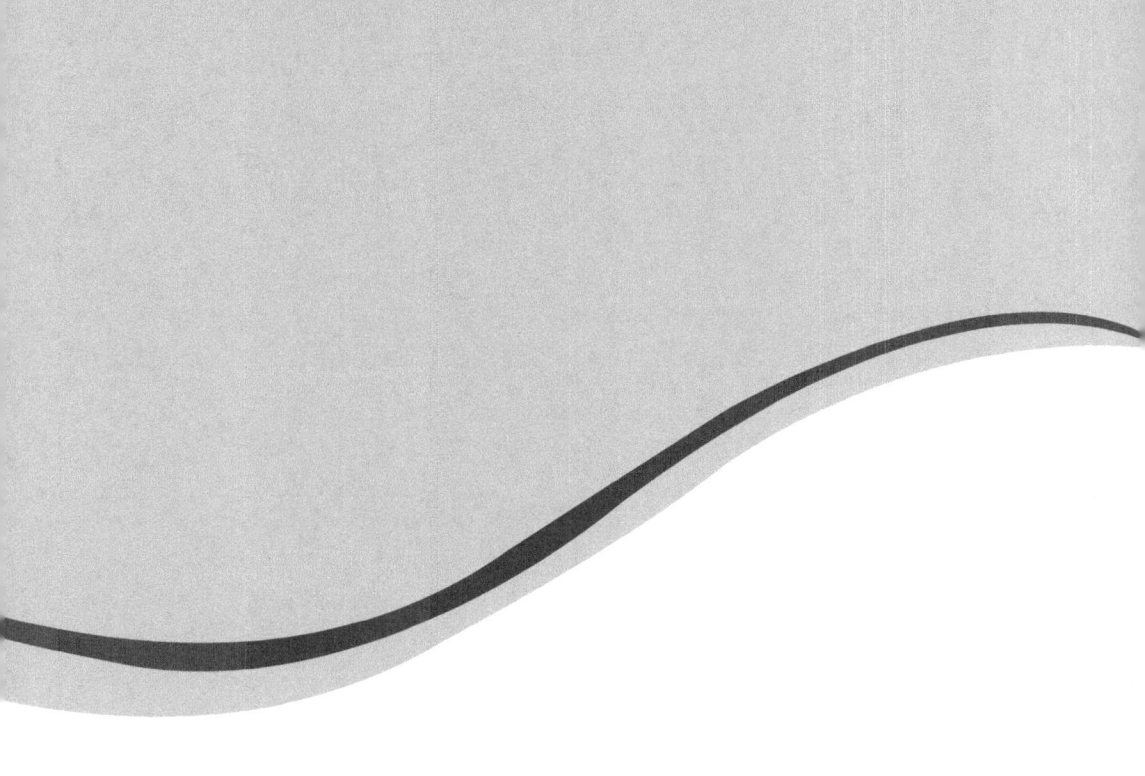

上　篇

新商科背景下国际商务专业人才培养模式研究

李剑玲　陈建斌　钱春丽*

摘　要："互联网+"时代催生了新商科，并对专业人才培养目标、培养内容和培养方式产生深刻影响。新商科数字经济背景下，基于 OBE 教育理念与 AACSB 国际认证的 AoL 教学保障体系，以学生为中心，通过国际商务专业人才培养调研分析和专业发展趋势分析，明确国际商务专业人才培养目标和毕业要求，修订 2019 版国际商务专业人才培养方案，培养"互联网+"创新型的高素质应用型国际商务人才，推进国际商务专业建设。

关键词：国际商务专业；人才培养；专业建设；新商科

引　言

新兴技术的不断涌现、经济结构的转型升级和社会需求的快速变化，使得以知识驱动、智慧驱动、数据驱动为发展引擎的新商业模式得以涌现。新商科人才培养是一种新的人才培养理念，新商科关注社会发展变迁、面向未来，培养有自我价值观念的终身学习者。

---

* 李剑玲，北京联合大学商务学院国际商务专业负责人，教授，博士；陈建斌，北京联合大学商务学院常务副院长，教授，博士；钱春丽，北京联合大学商务学院国际商务系教工党支部书记，副教授，博士。

一、新商科对国际商务专业人才培养的要求

互联网、云计算、大数据、人工智能等新兴技术与模式正深刻改变人们的思维、生产、学习方式。这些新兴技术也导致经济结构与企业需求发生了相应的变化，传统的商业模式被注入了新的活力，转变为以知识驱动、智慧支撑、数据为基础的新的发展模式[1]。2018年10月24日下午，天津大学管理与经济学部举行了"新时代·新商科"主旨论坛，共同探讨新时代背景下"新商科"的内涵与本质，提出"新商科·天大倡议"。2018年11月5日，新商科人才培养创新论坛在江苏无锡举行，对"新研究：新商业·新商科"等主题进行深入研讨与交流，发出了"新商科无锡倡议"。2018年12月20日，教育部高等教育司司长吴岩在工商管理专业类教学指导委员会第一次全体会议上，做了题为《新时代　新文科　新经管　培养经世济民的经济和管理卓越拔尖人才——经济和管理类专业教指委工作的第一要务》的报告。吴岩指出：经济管理人才培养要"直面国家根本竞争力、直面经济建设主战场、直面高质量转型发展"。

新商科是商科教育主动服务于新经济的战略性调整，相对于传统商科，新商科是范式转换式变革，是教育思维的认知革命。新商科与传统商科的区别见表1。

表1　新商科与传统商科的区别

类别	传统商科	新商科
服务的经济形态	工业经济	数字经济
围绕的产品形态	有形商品	数字商品+有形商品
人才培养的要求	分工明确、批量培养、标准统一	创意、创新、个性化、问题导向、集成运用知识能力
人才培养的道具	教师、教材、教室	多元育人主体、数字产品生产线、云端跨界教学
人才的思维培养	专业思维	专业思维+设计思维+计算思维

续表

类别	传统商科	新商科
人才培养的目标	就业	实现自我
教育教学的形态	教师为中心	学生为中心
教育治理的体系	教育系统	广泛的自治性的学习共同体参与

摘自：上海对外经贸大学，齐佳音教授讲座。

新商科人才培养是一种新的人才培养理念，在此背景下的国际商务专业人才培养，一要立德树人，培养社会主义核心价值观，做好"三全育人"，注重商业伦理和社会责任感的培养，造就合格的建设者和接班人；二要以人为本，基于OBE教育理念与AACSB国际认证的AoL教学保障体系，以学生为中心，坚持成果导向，持续优化；三要创新实践，培养创新精神、批判性思维，以及解决实际问题的能力；四要智慧赋能，面对数字经济引发的产业革命和商业模式变革，进行国际商务专业人才培养模式调整；五要学科协同，通过学科融合、专业融合，进行跨专业、跨学科协同发展，制定国际商务专业人才的培养目标、毕业要求、课程体系等，加强国际商务专业建设，培养新商科背景下的国际商务专业人才[2,3]，如图1所示。

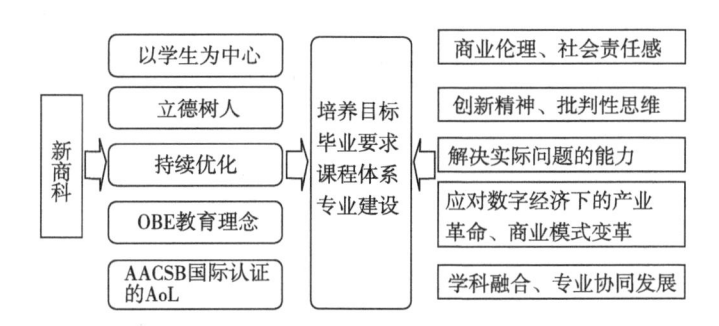

图1　新商科国际商务专业人才培养模式

二、国际商务专业人才培养调研分析

国际商务专业是适应国际贸易发展、经济全球化与区域化发展、现代服务业发展的需要，培养"互联网＋"创新型、应用型、复合型高素质国际商务人才的专业。国际商务专业以现代企业进行国际化经营为主线，以现代企业从事国际商务活动所面临的实际问题为研究对象，研究内容涵盖企业国际化经营所应遵循的国际商务理论工具、国际商务战略规划和国际商务运营管理实务。

国际商务专业，是国家为适应21世纪国际贸易发展需要，增强国家竞争力而设立的学科。中国已加入世界贸易组织，对专门从事进出口贸易的专业人才的需求越来越大，对国际商务专业人才的需求也越来越大，要求也会更高。国际商务专业学生具有法商结合的知识结构，理论知识扎实，并有较强的实际操作能力和用外语进行商务沟通的能力，适于在跨国公司、外向型企业和外资企业等从事国际商务活动的商务代表、单证员、国际商务师及国际化经营的高级管理人才；或者在涉外经济贸易部门及政府机构从事对外商务经营管理、政策法规制定与实施，以及国际化商务活动策划的综合性高级专门人才。

（一）注重专业建设的交叉融合性发展

国际商务专业是典型的学科交叉性专业，它与工商管理、国际经济与贸易、外贸英语、国际金融、国际商法等专业具有很紧密的联系。各高校在建设国际商务专业时，都充分依靠原有的学科优势，走交叉融合的建设模式，有强调法商结合的专业建设模式，有"商务+外语"的专业建设模式，有"商务+金融"或"商务+贸经"的专业建设模式，在依托原有优势学科的基础上，努力将国际商务专业建设成为一个有鲜明特色的交叉融合性专业。

（二）"厚基础、宽口径"与"国际化、先进性"

国内典型高校在国际商务本科课程设置上，贯彻"宽口径，厚基础，多选择，重创新，国际性"的原则，注重加强通识教育，开展研究型教学和实践型教学，注重提升学生的基础知识、基本理论、基本技能，注重提升教学国际性。课程建设以"国际视角"和"经世致用"为原则，着力解决学生最关心的问题、最迫切的需求。教学方式上，一改传统的单向教育模式，充分利用网络、移动终端等前沿的教学工具，开发出一整套互动与趣味兼具的教学生态体系。通过多元课程设计开拓学生视野，为学生多元化发展创造条件。

（三）构建国际商务人才培养的开放模式

全球化对高校国际商务专业教育产生广泛和重大的影响，培养熟悉国际规则，按照其基本原则进行全球化贸易活动以及国际化经营的国际商务专业人才成为国内各高校国际商务人才培养的主要目标和视角。以"应试教育向素质教育转变，注重人才能力的培养"为目标，旨在将人才培养模式由"传统的、封闭的、单一的"专家型逐渐调整为"现代的、开放的、广泛适应能力的"通才型，培养出"厚基础、宽口径"的适应时代要求的高素质国际商务人才。各地方高校国际商务专业教育面临同类专业高层次人才培养的竞争，越发注重培育其核心竞争力。结合区域实际发展，发挥区位优势，同时立足于自身的条件，重点创造和开发自己的优势和强项，试图做大做强国际商务专业教育特色品牌，以形成核心竞争力。

（四）注重外语能力培养的重要性

各高校在国际商务专业建设上都特别强调学生外语能力的培养。国际商务专业一直是各高校最早开展双语或全英语授课的专业之一。国际商务专业的外语能力尤其是运用外语进行专业沟通的能力，是国际商务专业学生的主要竞争力之一。各个高校在学分设置上也加大了外语类课程的比重，除了大学英语之外，普遍开设商务英语、商务英语听说、商务英语写作、商务英语翻译等课程，另有部分院校为该专业学生开设第二商务外语。同时，各高校建立了英语教学全覆盖、全贯通的长效机制，培养方案体现了英语教学四年不断线的特点。

（五）重视国际交流与合作发展

国际商务专业在国外是一个成熟专业，而在我国则是一个新兴专业。为了更好地借鉴国外成功的专业办学经验，各高校都特别重视与国外相关院校的交流与合作。各高校积极推进学生出境学习与实习，与国外不同层次的高校建立起交换生交流合作机制；鼓励教师与国外高校合作开展科学研究项目、鼓励学生出境学习与实践，拓宽学生的国际化视野，培养学生参与国际事务和国际竞争的能力；鼓励教师与国外高校合作开展科学研究项目，提升教学研究和科学研究层次与水平。强化与国外院校的交流与合作也是各高校国际商务专业建设的一个共同点。

（六）实践教学环节与案例分析强化

国际商务专业是一个实践性很强的专业，该专业要求学生具有较强的实践动手能力，因此各高校也十分注重实践教学环节的设计。注重培养学生的实践能力、研究能力和创新能力，强调学生要自觉认识社会、研究社会和服务社会，建立了完善的本科实践教学体系。各高校都特别重视专任教师国际商务实操技能和经验的提高，通过挂职锻炼等多种渠道提高专任教师的实操技能。各高校都加大实验室软硬件环境建设力度，引进专业教学软件，提高实践教学效果。讨论式教学在课堂教学中的比重较大，能够增加课程的实用性和务实性。与校外企业建立合作关系，建立学生实践教学基地，校内模拟实习和校外企业实习成为实践教学体系中的相互支撑、相辅相成的两部分。

（七）国际区域研究和国际问题研究需求

在课程设置中注重将其经济政策和环境相结合，在教授商贸知识的同时提供相关的文化背景知识。通过开设区域研究、跨文化研究等方面的选修课程，让学生了解典型国家和地域的历史文化背景和风俗习惯，关注不同国家的文化差异及其商务环境，从而更深入地了解目标市场的情况，熟悉他国的商业运作规律及经济环境，为学生在跨国界和多元文化国际商务领域进行国际经济贸易，从事跨国经营管理工作奠定基础。

三、2019版国际商务专业人才培养方案修订

（一）培养目标

本专业培养具有社会主义核心价值观、适应国际商务环境和服务区域发展，具有社会责任感、商业道德和创新创业精神，掌握现代经济管理理论及方法，适应国际贸易发展与北京现代服务业发展需要，具有国际视野、团队精神、跨文化交流能力和国际商务决策能力，能够在现代服务

业、政府部门及相关企事业单位从事国际商务运营管理工作的"互联网+"创新型的高素质应用型国际商务人才。

本专业毕业生具有如下目标预期。

培养目标1：信念坚定、知行合一，具有较强的社会责任感和商业道德，身心健康。

培养目标2：适应国际贸易发展与北京现代服务业发展需要，具有国际视野和团队合作精神。

培养目标3：国际商务专业基础知识扎实，具有创新创业精神，实践应用能力强。

培养目标4：熟悉国际商务运行规则，具有跨文化英语交流能力和商务沟通协调能力。

培养目标5：掌握现代经济管理理论及方法，能够熟练运用现代信息技术，具有国际商务决策分析能力。

培养目标6：适应国际商务环境和"互联网+"，立德力行、志真致用，具有批判性思维能力和自主学习能力。

培养目标7：能够从事国际商务运营管理工作，为行业企业发展做出贡献，心系社会、勇于担当，具有终身学习和自我提升能力。

（二）毕业要求

毕业要求1：具有商业伦理观念。能够理解商业伦理相关理论；能够辨识商业行为与决策的合规性。

毕业要求2：具有国际视野。能够从全球视角理解国际商务活动；理解国际政治、经济、社会及文化等因素影响商务活动的作用机制。

毕业要求3：具有商务沟通能力。能够在商务环境中有效地进行口头表达；能够有效完成书面商务报告。

毕业要求4：具有批判性思维能力。能够辨识并确定关键问题；能够通过分析论证做出合理判断。

毕业要求5：具有团队合作能力。能够认同组员对团体的贡献，并能有效与组员进行合作。

毕业要求6：具有国际商务决策分析能力。掌握国际商务的相关理论与方法；能够将国际商务的相关理论与方法运用于国际商务决策分析中。

毕业要求7：具有良好的身体素质和心理素质，具有自主学习和终身学习的能力。

上述毕业要求与培养目标的关联矩阵如表2所示。

表2　毕业要求与培养目标的关联矩阵

毕业要求＼培养目标	培养目标1	培养目标2	培养目标3	培养目标4	培养目标5	培养目标6	培养目标7
毕业要求1	√	√	√	√	√	√	√
毕业要求2		√		√	√	√	√
毕业要求3			√	√		√	
毕业要求4			√	√	√	√	
毕业要求5		√					√
毕业要求6		√	√	√		√	
毕业要求7	√	√	√	√	√	√	√

注：毕业要求对培养目标有支撑作用的，在相应单元格中标记"√"符号。

（三）国际商务专业建设与国际商务专业人才培养

1. 创新型国际商务专业人才培养

（1）以教育部《普通高等学校本科专业类教学质量国家标准》、教育部《普通高等学校本科专业目录和专业介绍》和AACSB国际认证标准制（修）订培养方案。结合社会人才需求、学校办学定位、专业基础及办学条件，主动对接"京津冀协同发展"战略和"一带一路"倡议，专业发展主动服务北京"四个中心"功能定位的需求，在专业选修课程中增加"全球化与企业文化""一带一路专题"等课程，已有"创新思维与企业家精神"课程，这样有利于培养从事国际商务运营管理工作的创新型国际商务人才。

（2）依据AACSB国际认证中国际商务专业AoL检测报告，调整了培养方案中的必修课程的顺序，在专业必修课程中，将"跨国公司管理"课程向后调整，将"国际商务""战略管理"课程向前调整，将学科大类必修课程中的"管理学"课程向后调整，这样有利于学生更好地理解概念和掌握知识；继续强化学生的英语沟通交流和英语应用能力，"国际商务"课程修订为全英教学课程，"国际营销学"课程修订为双语教学课程，强化"国际商务英语"课程教学，加强学生的英语交流应用能力与跨文化交际能力。

2. 应用型国际商务专业人才培养

（1）紧密结合国际商务高素质应用型人才的定位，着眼于本专业学生未来职业发展的需求，实践教学环节设置了专业"认识实习""国际商务谈判""国际商务案例分析""BOSS 经理人经营决策实战演练""国际商务礼仪实训""专业综合实践"等课程，持续优化培养，提高学生的口头和书面沟通表达能力，提高学生的商务沟通与商务交往能力，提高学生的团队合作能力，拓展学生的国际商务实务运作能力，有利于培养高素质的应用型国际商务人才。

（2）在学科基础课和专业课的教学中把知识传授与能力训练融为一体，在时间和空间上将理论教学和实践教学有机地结合起来，增加"国际商务案例分析"课程学时，新增"创新创业管理"课程，增加案例分析内容，加强案例报告实际训练，加强学生对决策方法和决策工具的实际运用能力，使学生学习的过程也成为实践与研究的过程，提升学生理论联系实际的能力，提升学生的创新创业能力，提高学生将国际商务的相关理论与方法运用于国际商务决策分析中的能力。

（3）实践环节与社会接轨，在第七学期安排的"专业综合实践"课程旨在培养本专业学生的专业实践能力和综合职业能力，提高国际商务沟通能力、国际商务决策分析能力、综合分析实践能力，培养学生创业观念和创新思维模式，帮助学生提高创业、创新活动的实际业务操作能力。通过毕业实习，希望能让学生做到专业上的知行合一，能够更深刻地理解国际商务专业的理论、方法与工具，提高与处理国际商务业务相关的素养与能力，为学生将来从事国际商务实际活动和职业发展规划奠定良好的基础。

3. 新商科的国际商务专业人才培养

（1）依据学校人才培养使命要求，凝练国际商务专业人才培养的德育目标，注重商业伦理和社会责任感的培养，将专业思政目标要素融入专业培养目标，与国际商学院 AACSB 认证体系相结合，体现在专业所有课程思政中，明确列入课程教学大纲和 AoL 教学质量保障检测体系，加强专业课程课内案例教学，推进课内课外、理论与实践的融合，探索"国际商务""跨国公司管理""战略管理"等专业必修课程内有效融入商业伦理与社会责任感内容，增加批判性思维能力训练，同时我们有"商业伦理"和"批判性思维"等课程，培养具有社会主义核心价值观的高素质国际商务人才。

（2）适应新形势下的专业建设的交叉融合性发展需求，增加"国际金融""电子商务""财务管理"等专业选修课，已有"国际贸易""国际营销学"等专业必修课，这样有利于培养综合发展的复合型高素质人才。

（3）新商科在数字经济背景下，结合专业培养目标和毕业要求，在学科大类必修课程中新增加"Python 数据分析实践"和"商业数据思维与实战"等数据分析实战课程，在专业选修课程中新增加"互联网金融""互联网＋会计""数据模型与决策分析""管理可视化"和"社会网络与智能决策"等新商科课程，已有"商业模式创新""服务管理"等专业选修课程，这些有利于培养从事国际商务运营管理工作的"互联网＋"创新型的高素质应用型国际商务人才。

参考文献

[1] 卢彰诚."互联网＋"时代产教深度融合的新商科人才培养模式研究[J].科教文汇（下旬刊），2018（1）：95-97.

[2] 汪晓君，冯江华."新商科"理念下跨境电商专业与产业融合发展研究[J].现代商贸工业，2018（27）：33.

[3] 汪永华.新商科人才创新创业教学改革实践初探——基于"互联网＋商学院"协同机制[J].工业和信息化教育，2018（7）：6-10.

新时代，国际商务专业思政的新探索

李剑玲 钱春丽 赵 进[*]

摘 要："课程思政"是落实立德树人的根本举措，是完善全员全过程全方位"三全育人"的重要方面。专业是落实"课程思政"建设的重要平台，"专业思政"是专业建设的需要，是一个专业的人才培养目标必须要考虑的内容。随着"课程思政"的实施和深化，进行国际商务"专业思政"的探索，通过"专业思政"建设深化"课程思政"建设内涵，更好地提升"课程思政"建设实效，探索协同推进"专业思政"和"课程思政"建设的实施路径，推动国际商务专业快速发展，使国际商务专业人才培养取得更大实效。

关键词：专业思政；课程思政；三全育人；新时代；新探索

引 言

"课程思政"是落实立德树人的根本举措，是构建德智体美劳全面培养的教育体系和高水平人才培养体系的有效切入点，是完善全员全过程全方位"三全育人"的重要方面。"专业思政"是专业建设的需要，是一个

---

[*] 李剑玲，北京联合大学商务学院国际商务专业负责人，教授，博士；钱春丽，北京联合大学商务学院国际商务系教工党支部书记，副教授，博士；赵进，北京联合大学商务学院国际商务教研室主任，讲师，博士。

专业的人才培养目标必须要考虑的内容。专业是落实"课程思政"建设的重要平台，随着"课程思政"的实施和深化，必然要发展到从专业角度思考共性的德育要求。

一、探索"专业思政"的必要性

习近平总书记2018年5月2日在北京大学师生座谈会上的讲话、2018年9月10日在全国教育大会上的讲话、2019年3月18日在学校思政课教师座谈会上的讲话等重要讲话精神，提出根本任务是培养德智体美全面发展的社会主义事业建设者和接班人；基本方法是把立德树人作为中心环节，把思想政治工作贯穿教育教学全过程，实现全程育人、全方位育人。[1,2]

2018年6月22日召开的新时代全国高等学校本科教育工作会议（成都会议）聚焦本科教育工作，提出"核心价值体系要首先在本科确立"，要坚持正确政治方向，促进专业知识教育与思想政治教育相结合，用知识体系教、价值体系育、创新体系做，倾心培养建设者和接班人。

2018年10月，教育部下发《关于加快建设高水平本科教育，全面提高人才培养能力的意见》（新时代高教40条）。2018年11月1日，在2018—2022年教育部高等学校教学指导委员会成立大会上，陈宝生提出"加强课程思政、专业思政十分重要，要提升到中国特色高等教育制度层面来认识"。这是中国教育历史上，教育部部长首次在正式场合提出"专业思政"的理念，并将其提到中国特色高等教育制度的高度。"专业思政"理念的提出和地位的确认，是我国思想政治教育工作的最新成果和重大突破。

2019年1月17日，在教育部直属高校工作咨询委员会第28次会议上，中共中央政治局委员、国务院副总理孙春兰强调：要"解决思政教育与专业教育'两张皮'问题"。在以前的专业学科建设过程中，比较强调该专业领域的科学前沿、知识传授，较少涉及"德育为先"如何在专业教育中落细、落实。

党的十九大报告指出，要培育和践行社会主义核心价值观。要以培养担当民族复兴大任的时代新人为着眼点,强化教育引导、实践养成、制度保障,把社会主义核心价值观融入社会发展各方面,转化为人们的情感认同和行为习惯。

教育部明确提出"强化课程思政和专业思政"。陈宝生部长在本科教育工作会上提出:"课程门门有思政,教师人人讲育人。"学校党委先是提出了"课程思政",随着"课程思政"建设的实施,在"课程思政"基础上提出了"专业思政"。学校党委韩书记讲话:"课程思政""专业思政"是"高水平人才培养体系"的重要组成部分,也是"三全育人"体制机制的具体体现。我们要继续深化"课程思政"建设,同时,通过"专业思政"建设促进"课程思政"建设,通过"专业思政"建设提升"课程思政"水平。[3,4]

二、国际商务"专业思政"的工作设想

"专业思政"是以专业为载体,发掘专业特点和优势,通过核心价值体系引领和教育教学全过程、全要素的融合设计,实现专业教育与思想政治教育一体化建设与发展,形成特色鲜明的专业人才培养模式。"专业思政"的特点主要有:专业思政体系设计的关键是核心价值体系引领;专业思政的载体、路径、方法和呈现方式上,具有鲜明的专业学科特征;专业思政实施的关键主体在于高素质的专业教师;专业思政的成果应是学生在专业学习中潜移默化的感悟、内化。[5]

在学院党委引领下,按照学校要求,把握"立德树人"的根本任务,突出国际商务专业人才"立德力行、志真致用,国际视野、本土行动,心系社会、勇于担当"的"全人"教育元素,有机融入课堂教学,形成教学与育人双向协同效应。我们坚持"逐步推进,润物无声,持之以恒,注重实效"的建设原则,探索国际商务专业人才培养课程思政设计思路、设计方案、实施路线和评估机制,创新国际商务人才培养课程思政模式。从本专业各门课程的协同上,去设计和提高"课程思政"的实效性,我们要充分挖掘和充实专业蕴含的思想政治教育元素,结合专业特点,有机融入本专业的建设内容、方法和载体,贯穿人才培养方案、师资队伍建设、课程

建设、科研建设等各方面。

坚持"支部引领、顶层设计""突出特色、重点推进""成果固化、课题延伸"三位一体的建设原则，在支部顶层设计引领下，按照学校要求，确立了"专业有特色、课程有品牌、讲授有风格、教育有效果、成果有固化"的课程思政建设总体目标。通过专题辅导、集体研讨、经验交流和监督评价等内外部推动机制，形成国际商务人才培养课程思政建设总框架，将专业课程思政目标要素融入专业培养目标，与国际商学院AACSB认证体系相结合，明确列入课程教学大纲和AoL教学保障检测体系，把握"立德树人"为根本任务的课程观，有机融入课堂教学，形成教学与育人双向协同效应，在"专业思政"的平台上更好地营造"课程思政"的氛围。"课程思政"的重点在教师，挖掘思想政治教育的元素和功能，有机融入到专业课程里面。

三、国际商务"专业思政"的实践路径探索

探索"专业思政"建设的内容、途径、方法及有效载体，逐步形成"专业思政"建设的有效机制。进一步强化教师党支部在"专业思政"建设中的积极作用。通过"专业思政"建设深化"课程思政"建设内涵，更好地提升"课程思政"建设实效，协同推进"专业思政"和"课程思政"建设的实施路径。以"立德树人"为根本，以学生为中心，以OBE理念成果为导向，结合我院AACSB国际认证，深化"专业思政""课程思政"建设，构建"三全育人"格局，培养具有社会责任感、商业道德、国际视野、创新精神、团队精神的高素质应用型国际商务人才。

深化专业课程体系，积极探索专业思政，重视实践探索和理论提升。加强"专业思政""课程思政"特点、规律的研究、实践和交流、总结。专业课教师全员参与开展"课程思政"教学设计，实现课堂教学"知识传授"和"价值引领"的有机统一。我们要在专业培养方案中有反映本专业核心素养要求的思政目标设计和表述；专业的思政目标在本专业所有课程及本专业教学方法、教学手段中有体现，有校外固定的实践教学（育人）基地，有至少3门专业核心课程是课程思政示范课；有体现专业思政、课

程思政目标的教材和教学资料;有课程思政示范课堂和课程思政优秀教师。努力做到"专业有特色、课程有品牌、讲授有风格、教育有效果、成果有固化"。

以思想政治工作为统领,在院党委的领导下,在教师党支部书记的支持下,在专业负责人的直接组织下,在本专业全体教师的共同努力下,探索"专业思政"建设的内容、途径、方法及有效载体,把"以学生为中心"的理念融入专业建设,把"立德树人"的要求落实到专业建设中,培养具有社会责任感、商业道德、国际视野、创新精神、团队精神等的"互联网+"国际商务专业人才。依据学院人才培养使命要求,凝练国际商务专业人才培养的德育目标——"立德力行、志真致用,国际视野、本土行动,心系社会、勇于担当",将专业思政目标要素融入专业培养目标,体现在专业所有课程思政中,基于 OBE 教育理念和"三全育人"理念,与国际商学院 AACSB 认证体系相结合,明确列入课程教学大纲和 AoL 教学保障检测体系。

(一) 具体路径

(1) 在本专业 2019 版培养方案中有反映本专业核心素养要求的思政目标设计与表述,并将其分解到本专业相关课程中,专业的思政目标在本专业所有课程及本专业教学方法、教学手段中有体现,专业课程协同配合实现专业思政目标,研讨形成"专业思政"的实践途径。

(2) 组建"专业思政"建设团队 3~5 名教师,组建"课程思政"协同创新团队,培养"课程思政"优秀教师,推出 2~3 门专业核心课程打造"课程思政"示范课,组织教师参加学院课程思政教学案例设计大赛,课程思政的水平在所有教师、课程中逐年提高,以"专业思政"建设为依托,实施"课程思政素养提升工程"。

(3) 进行体现专业思政、课程思政目标的教材和教学资料建设,形成德育资源库。

(4) 结合教师党支部学习和教研室活动,定期开展"课程思政"专题研讨交流活动和思政案例总结固化,并通过针对性的"三会一课"或主题党日活动，积极支持"专业思政"建设。

（5）以"课程门门有思政，教师人人讲育人"为目标，持续深化"课程思政"建设，重点在专业核心课打造"课程思政"的精品课程，带动其他课程思政建设。

（6）结合专业核心素养要求，所在党支部牵手1个校外党支部，拓展校外实践教学（育人）基地建设，将学生德育实践纳入专业实习，并体现在实践教学内容安排上，逐步形成符合国际商务专业人才培养需要的"三全育人"格局，提升国际商务专业建设水平。国际商务"专业思政"的实践路径如图1所示。

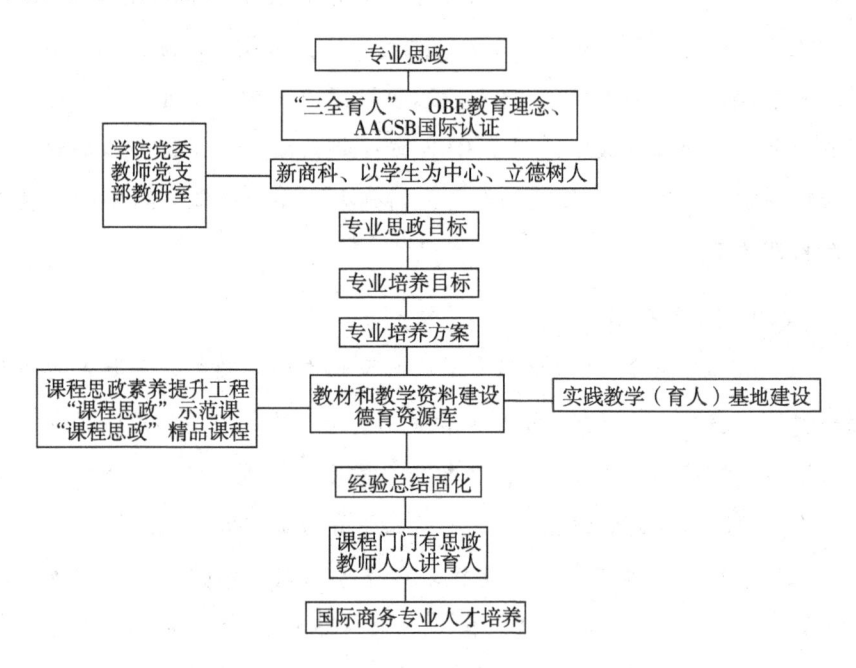

图1　国际商务"专业思政"的实践路径

（二）突出特色

分层面建设，注重专业教育中的学科大类课程、专业理论课程、专业实践课程的"课程思政"的融合与建设；分模块建设，注重通识教育课程与专业教育课程融合、理论课程教学与实践课程教学融合、教育教学与学科大赛融合、产教融合、师资队伍建设与人才培养融合。

（1）"新商科"背景下，本专业培养具有社会主义核心价值观、适应国际商务环境和服务区域发展，具有社会责任感、商业道德和创新创业精神，掌握现代经济管理理论及方法，适应国际贸易发展与北京现代服务业发展需要，具有国际视野、团队精神、跨文化交流能力和国际商务决策能力，能够在现代服务业、政府部门及相关企事业单位从事国际商务运营管理工作的"互联网+"创新型的高素质应用型国际商务人才。

（2）加强如下几个模块方面的融合发展：通识教育课程与专业教育课程融合、理论课程教学与实践课程教学融合、教育教学与学科大赛融合、产教融合、师资队伍建设与人才培养融合。

（3）加强实践教学基地建设，加强专业课程课内案例德育元素教学，推进课内与课外、理论与实践的融合，通过实践教学（育人）基地建设，实现实践教学平台与企业行业资源的开放融合。

希望在院党委和支部的支持下，在本专业全体教师的共同努力下，通过探索"专业思政"建设的内容、途径、方法及有效载体，能够把"以学生为中心"的理念融入专业建设，能够把"立德树人"的要求落实到专业建设中，在培养社会责任感、商业道德、国际视野、创新精神、团队精神等这些商科人才应该具备的精神品质方面发挥更大作用，推动国际商务专业快速建设，使国际商务专业人才培养取得更大实效。

参考文献

[1] 习近平．在北京大学师生座谈会上的讲话［N］．人民日报，2018-05-03.

[2] 习近平．坚持中国特色社会主义教育发展道路，培养德智体美劳全面发展的社会主义建设者和接班人［N］．人民日报，2018-09-11.

[3] 韩宪洲．以"课程思政"推进中国特色社会主义一流大学建设［J］．中国高等教育，2018（23）：4-6.

[4] 韩宪洲．深化"课程思政"建设需要着力把握的几个关键问题［J］．北京联合大学学报（人文社会科学版），2019（4）：1-6.

[5] 李彦冰．论专业思政建设中的基本问题［J］．北京教育（高教），2019（5）：88-90.

基于 OBE 的国际商务专业思政课程群建设思考

钱春丽　李剑玲　赵　进[*]

摘　要：专业思政课程群建设应以专业为载体，发掘专业特点和优势，通过专业核心价值体系引领和教育教学全过程、全要素的融合设计，实现专业教育与思想政治教育一体化建设与发展，形成特色鲜明的专业人才培养模式。基于 OBE 理念的国际商务专业思政课程群建设旨在以 OBE 教育模式为导向，围绕学生知识产出、能力习成和专业核心价值素养，梳理国际商务专业相关课程内在价值关联，对课程内容进行整体优化和资源整合，构建模块化的专业思政课程群教学系统。具体建设内容包括课程群培养目标确立、课程群体系设计、课程群教学评价三个方面。

关键词：OBE 理念；课程群；国际商务专业；专业思政；课程思政

"专业思政"是全员全程全方位育人的重要实践，是落实立德树人根本任务的重要载体，也是深化专业改革的内在要求。专业思政课程群作为专业教学体系，应以 OBE 理念为引导，以学习产出为起点，设计培养目标、课程体系和评价方案。在实施过程中强化专业课程的教育引领作用，

---

[*] 钱春丽，北京联合大学商务学院国际商务系教工党支部书记，副教授，博士；李剑玲，北京联合大学商务学院国际商务专业负责人，教授，博士；赵进，北京联合大学商务学院国际商务教研室主任，讲师，博士。

将价值引领贯穿到基础课、专业课、实践课及校外实习等教育活动中，形成课程群协同效应，发挥专业教学的育人主渠道作用。

一、国际商务专业思政课程群建设依据

（一）理论依据

1. OBE 的内涵与功能

成果导向教育（Outcome Based Education，简称 OBE，也称能力导向教育、目标导向教育或需求导向教育）作为一种先进的教育理念，于 1981 年由 Spady 等人提出后，很快得到重视与认可，并已成为美国、英国、加拿大等国家教育改革的主流理念。OBE 是一种基于学习产出的教育模式，要求学校和教师应该先明确学习成果，配合多元弹性的个性化学习要求，让学生通过学习过程完成自我实现，再将成果反馈来改进原有的课程设计与课程教学。[1]

基于 OBE 理念的专业课程体系设计应遵循反向设计原则，从需求（包括内部需求和外部需求）开始，由需求决定培养目标，再由培养目标决定毕业要求，最后由毕业要求决定课程体系。"需求"既是起点，又是终点，从而最大程度上保证教育目标与结果的一致性。具体流程如图 1 所示。

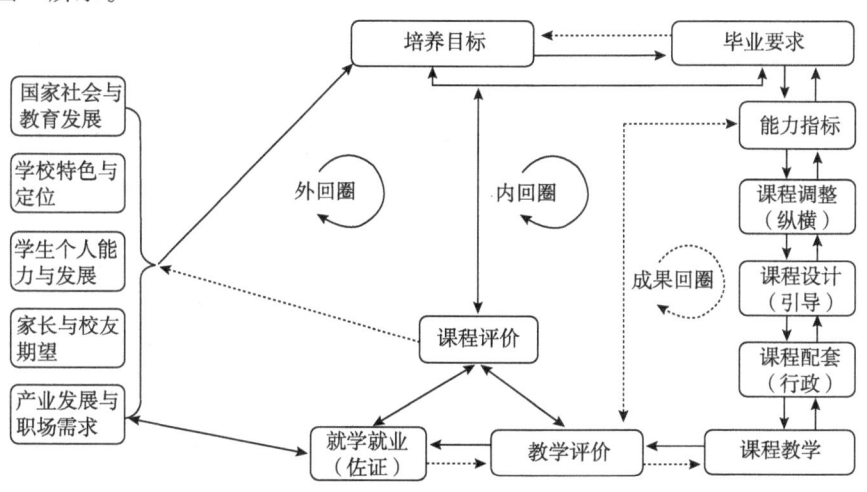

图 1 基于 OBE 的课程体系设计流程

2. 课程群的内涵与功能

关于课程群的概念，学术界持不同的观点，经过整理和归纳，主要有以下几种。

（1）根据课程群建设组合的基础来定义。课程群是某一学科内诸多课程的集合，是从属于某个学科、相互之间有着合理分工、能满足不同专业教学要求的系统化的课程群体。[2]课程群是以一门以上的单门课程为基础，由三门以上的性质相关或相近的单门课程组成的一个结构合理、层次清晰、课程间相互连接、相互配合、相互照应的连环式的课程群体。[3]

（2）根据课程群建设的组建对象来定义。课程群是由内容上密切相关、相承和渗透，具有互补性的几门系列课程组合而成的有机整体，并配备相应的教学素材，按大课程框架进行课程建设，进而获得整体优势，打造学科优势。[4]课程群是以现代教育思想为指导，对教学计划中具有相互影响、互动、有序、相互间可构成完整的教学内容体系的相关课程进行重新规划、设计、构建的整合性课程的有机集成的系统。[5]

（3）根据课程群建设的目标来定义。课程群是由承担不同任务，在内容上有不同特点，但为了完成共同的教育目标而形成的多个子课程有机组成的系统。课程群是指若干门彼此独立而又相互密切联系的课程，课程群建设是为了使各门课程协调发展、齐头并进、协同作用，讲究发挥整体效益，达到最佳效果，各门课程通过建设都得以提升到一个新档次，从而使整体教学质量得到提高。[6]

由此可以看出：课程群是以现代教育思想和理论为指导，围绕同一专业或不同专业的人才培养目标要求，为完善相应专业学生的知识、能力、素质结构，将相应专业培养方案中的知识、方法、问题等方面具有逻辑联系的若干课程重新规划、整合构建而成的有机的课程系统。开展课程群建设有利于教学资源的优化配置，使课程群的内容更具综合性，同时也打破了课程内容的归属性，增强了不同课程之间的融合。

（二）现实依据

培养什么人？怎样培养人？为谁培养人？是高等教育工作者的终极命题。习近平总书记分别在2016年12月7日全国高校思想政治工作会议、2018年5月2日北京大学师生座谈会、2018年9月10日全国教育大会上强调：教育的根本任务是培养德智体美劳全面发展的社会主义事业建设者和接班人，教育工作者应把立德树人作为中心环节，把思想政治工作贯穿教育教学全过程，实现全程育人、全方位育人。习总书记将"三全育人"与课程思政有机结合，回答了高等教育的三个本质问题。

教育部部长陈宝生在2018年6月22日新时代全国高等学校本科教育工作会议（成都会议）提出"加强课程思政、专业思政十分重要，要提升到中国特色高等教育制度层面来认识"。这是中国教育历史上，教育部部长首次在正式场合提出"专业思政"的理念，并将其提到中国特色高等教育制度的高度。"专业思政"理念的提出和地位的确认，是我国高等教育思想政治工作的最新成果和重大突破。2018年9月教育部下发《关于加快建设高水平本科教育，全面提高人才培养能力的意见》（新时代高教40条），其中第九条提出："强化课程思政和专业思政：在构建全员、全过程、全方位'三全育人'大格局过程中，着力推动高校全面加强课程思政建设，做好整体设计，根据不同专业人才培养特点和专业能力素质要求，科学合理设计思想政治教育内容。"

专业是高等教育培养人的落脚点，更是落实课程思政建设的重要平台。充分挖掘和充实各专业蕴含的思想政治教育元素，结合专业特点，有机融入本专业的建设内容、方法和载体，贯穿人才培养方案、师资队伍建设、课程建设、科研建设等各方面。落实"三全育人"、专业思政和课程思政的育人要求（如图2所示），结合基于成果导向的教育理念，国际商务专业应按国际商务人才培养所需具备的知识、能力、素质，明确德育价值需求指向，科学、合理地构建支撑毕业要求的专业德育课程体系，整合、开发课程资源和德育要素，构建由课程体系到课程群（模块）再到每门课程的德育价值元素逐层落实的完整实现体系。

图 2　课程思政、专业思政和三全育人的内涵与关系

二、国际商务专业思政课程群建设目标

专业思政课程群建设应以专业为载体，发掘专业特点和优势，通过专业核心价值体系引领和教育教学全过程、全要素的融合设计，实现专业教育与思想政治教育一体化建设与发展，形成特色鲜明的专业人才培养模式。因此，专业思政课程群体系设计的关键是专业核心价值体系引领，即如何提取和凝练专业学科育人特征，如何在人才培养的各个要素与环节中体现育人特征。

OBE 理论以产出即人才需求为起点，反向设计人才培养目标、毕业要求和课程体系，最终通过教育评价测度人才目标与培养结果的一致性。OBE 理论包括定义教育产出、实现教育产出、评价教育产出、应用教育产出四个方面。[7] 基于 OBE 的国际商务专业思政课程群建设应以 OBE 教育模式为导向，围绕学生知识产出、能力习成和专业核心价值素养，梳理国际商务专业相关课程内在价值关联，对课程内容进行整体优化和资源整合，构建模块化的专业思政课程群教学系统。

三、国际商务专业思政课程群建设内容

国际商务专业思政课程群具体建设内容应包括课程群培养目标确立、课程群体系设立、课程群教学评价三个方面。

（一）国际商务专业思政课程群培养目标

OBE 理论要求以产出即人才需求为起点设计专业培养目标，因此基于

国家和社会需求提炼专业核心价值体系是专业培养目标的逻辑起点。十九大报告指出：要培育和践行社会主义核心价值观，要以培养担当民族复兴大任的时代新人为着眼点，强化教育引导、实践养成、制度保障，把社会主义核心价值观融入社会发展各方面，转化为人们的情感认同和行为习惯。社会主义核心价值观从国家、社会和个人三个层面，确立了建设什么样的国家、建设什么样的社会、培育什么样的公民三个价值准则，也成为高等教育专业价值的基本构成要素。基于社会主义核心价值观的专业核心价值体系框架如表1所示。

表1 专业普适核心价值体系框架

一级	二级	描述
政治素养	理想信念	树立中国特色社会主义共同理想，增强中国特色社会主义道路自信、理论自信、制度自信、文化自信，立志肩负起民族复兴的时代重任
	爱国情怀	热爱中国共产党、扎根人民、奉献国家
社会责任	专业使命	牢记专业使命，肩负专业的社会责任
	职业操守	遵守专业伦理（技术、利益、责任）和职业规范，全心全意服务客户
道德品格	品德修养	做有大爱、大德、大情怀的人
	个人品格	追求真理，志向高远，敢于担当，不懈奋斗，乐观向上
相关素养	智体美劳	学识丰富，专业精湛，创新思维，体魄强健，审美和人文素养，崇尚劳动

在专业普适核心价值体系框架范围内，专业应进一步结合专业优势和特色，提炼和归纳专业使命、社会责任、专业伦理和职业操守要求，构建本专业的特色核心价值体系，并将专业特色核心价值体系融入培养目标、毕业要求，结合专业特征构建与之适应的专业思政课程体系。专业特色核心价值体系与实现路径如图3所示。

价值特征	内涵特征	培养特征
・精神特征 ・使命特征 ・伦理特征 ・职业特征	・研究对象 ・知识体系 ・方法实践 ・产业应用	・培养目标 ・规格要求 ・逻辑方法 ・载体形式

图 3 专业特色核心价值体系

国际商务专业应坚持"围绕学生、关照学生、服务学生"的理念，坚持以立德树人为根本、以理想信念教育为核心、以社会主义核心价值观为引领，坚持全员育人、全过程育人、全方位育人。课程群建设应把握"立德树人"为根本任务的课程观，突出国际商务专业人才"立德力行、志真致用，国际视野、本土行动，心系社会、勇于担当"的"全人"教育元素和专业核心价值体系，有机融入课堂教学和产业实践，形成教学与育人双向协同效应。

（二）国际商务专业思政课程群体系构建

国际商务专业思政课程群建设应做到"专业有特色、课程有品牌、教师有风格、教育有效果、成果有固化"，坚守"典型课程引领，逐步推进，润物无声，持之以恒"的建设原则，具体建设步骤如下。

（1）顶层设计。依据学院人才培养使命要求，凝练国际商务专业人才培养的德育目标——"立德力行、志真致用，国际视野、本土行动，心系社会、勇于担当"，将专业思政目标要素融入专业培养目标，体现在专业课程设计中，基于 OBE 教育理念和"三全育人"理念，与国际商学院 AACSB 认证体系相结合，明确列入课程教学大纲和 AoL 教学保障检测体系。

（2）分类推进。以"课程门门有思政，教师人人讲育人"为目标，按照培养计划设置，依据学科大类基础课、专业理论课、专业应用型课程及校外实习基地实践的层次，分类指导、突出特色，协同推进"课程思政"建设，充分挖掘和探索各类课程育人内涵、育人方法和育人路径，提升专业课教师"思政"素养，形成国际商务专业思政特色成果。

（3）示范引领。组建国际商务专业思政课程群协同创新团队，团队成员分别担当学科大类基础课、专业理论课、专业应用型课程及校外实习基地实践"课程思政"示范课程一门次，形成特色专业思政课程群教学案例，培育国际商务专业特色思政课程群教学团队和国际商务专业"课程思政"品牌教师，建设多门次国际商务专业思政课程群精品课程。

（三）国际商务专业思政课程群教学评价

"专业思政"的成效是检验专业育人质量的根本标准，立德树人的成效是检验学校一切工作的根本标准。"专业思政"是立德树人的重要途径，因此，"专业思政"的成效也是检验专业育人质量的根本标准。国际商务专业思政课程群体系的设计和实施过程是一个持续改进的过程，需要以润物细无声的方式与专业建设融合发展。专业思政课程群建设的成效就体现在学生能否在专业学习过程中，感悟和认同正确的世界观、人生观和价值观，在潜移默化中内化专业核心价值体系的真谛。

国际商务专业思政课程群教学评价应基于 OBE 理念，遵循高等教育教学规律、教书育人规律和学生成长规律，坚持"学生中心、成果导向、持续改进"教育教学理念，以专业核心价值体系的达成度为依据，测度专业思政课程群设置对培养目标和毕业要求的支撑度、课程群教学效果与经济社会发展和学生发展需求的契合度、毕业生的职业伦理和职业特征与国际商务应用型人才标准的吻合度。

同时，应加强过程性学业评价，以促进学生的发展为中心，将满足学生学习需要、促进学生发展、支持学生全面成长作为核心追求，激发学生的学习兴趣和潜能，激励学生爱国、励志、求真、力行，增强学生的社会责任感、创新精神和实践能力，切实提高人才培养效果与培养目标的达成度。

坚持持续改进，提高"以学定教"能力。定期评价课程目标达成度，对学生的学习效果、实践表现和能力体现进行有效评价。根据课程目标达成度的评价结果，持续改进课程教学内容、课堂教学方式方法、课程考核方式和成绩评定标准，不断完善课程群教学质量保障机制，逐步形成持续改进的课程群建设质量文化。

参考文献

[1] 申天恩,斯蒂文·洛克.论成果导向的教育理念[J].高校教育管理,2016(10):9.

[2] 范守信.试析高校课程群建设[J].扬州大学学报(高教研究版),2003(3):25-27.

[3] 吴开亮.关于高师院校课程群建设的探讨[J].江苏高教,1999(6):69-71.

[4] 陈文山.组建课程群 打造学科优势[J].琼州大学学报,2003(5):72-73.

[5] 王嘉才,等.课群及其质量检查评估指标体系的研究[J].高等工程教育研究,1999(增刊):71-75.

[6] 郭必裕.对高校课程群建设中课程内容融合语分解的探讨[J].现代教育科学,2005(2):66-68.

[7] 刘连花.基于OBE的供应链管理课程群建设研究[J].吉林广播电视大学学报,2019(2):25-26.

基于应用型人才培养目标的国际商务专业课程群建设

赵 进[*]

摘 要：随着经济全球化的深入发展，高质量的国际商务人才需求日益增加，探求适应社会发展的国际商务专业人才培养模式，成为开设国际商务专业院校关注的核心问题。本文基于我校应用型人才的培养目标，介绍了我校国际商务专业课程群建设的培养目标、遴选依据、质量标准及建设方案。通过国际商务专业课程群的建设，提高国际商务专业教学质量、提升学生素质，培养符合社会需求的优质国际商务专业应用型人才。

关键词：应用型人才；国际商务专业；课程群

引 言

随着经济全球化的深入发展，高质量的国际商务人才需求日益增加，探求适应社会发展的国际商务专业人才培养模式，成为开设国际商务专业院校关注的核心问题。国际商务专业具有典型的跨学科性质，涉及经济学、管理学、心理学、社会学、政治学等，是一个多学科交叉融合而

---

[*] 赵进，北京联合大学商务学院国际商务教研室主任，讲师，博士。

成的学科。[1]而合理的课程体系是确保学生获取良好教学效果,实现人才培养目标的基本保障。为了培养应用型、开放型、复合型国际商务人才,国际商务专业在课程设置上必须更加注重从实际需求出发,既要注重理论基础,更要注重社会实践,构建国际商务专业的综合知识体系,培养出具有国际化视野和本土化特色的专业知识精、综合应用能力强的国际商务人才。

一、课程群的概念与内涵

1999年,北京理工大学王嘉才教学团队提出课程群的概念:"课程群是以现代教育思想为指导,对教学计划中具有相互影响、互动、有序、相互间可构成独立完整的教学内容体系的相关课程进行重新规划、设计、构建的整合性课程的有机集成[2]"。吴开亮(1999)将课程群定义为"以一门以上的单门课程为基础,由三门以上的性质相关或相近的单门课程组成的一个结构合理、层次清晰、课程间相互连接、相互配合、相互照应的连环式的课程群体[3]"。常志朋等(2016)认为,课程群应是由三门以上教学内容相互影响、层次清晰、逐级递进、相互连通、相互促进的连环式课程构成的群体,并且在构建课程群时,要遵循系统性、相关性、开放性以及科学性等原则。[4]

二、国际商务专业人才培养目标与要求

根据我国《普通高等学校本科专业类教学质量国家标准》,国际商务本科专业培养目标是培养践行社会主义核心价值观,具有社会责任感、公共意识和创新精神,适应国家经济建设需要,具有人文精神与科学素养,掌握现代经济管理理论及管理方法,具有国际视野、本土情怀、创新意识、团队精神和沟通技能,能够在企事业单位、行政部门等机构从事经济管理工作的应用型、复合型、创新型人才。

根据《普通高等学校本科专业类教学质量国家标准》,国际商务专业的学生应满足知识、能力、素质三个层面的要求。

国际商务专业学生的知识结构包括基础性知识、专业性知识、通识性

知识，具体内容包括：①基础性知识，学生须熟练掌握数学、统计学、经济学等基础学科的理论和方法；②专业性知识，学生须系统掌握管理学、组织行为学、会计学、财务管理学、市场营销学、创业学等工商管理类专业理论知识与方法，掌握本学科的理论前沿与发展动态；③通识性知识，学生须选修哲学、社会学、心理学、法学、科学技术、语言文学、健康艺术、职业发展等方面的通识性知识。

国际商务专业学生的能力结构包括知识获取能力、知识应用能力以及创新创业能力三个方面，具体内容包括：①知识获取能力，能够运用科学的方法，通过课堂、文献、网络、实习实践等渠道获取知识，善于学习和吸收他人知识，并构建自己的知识体系；②知识应用能力，能够应用本专业理论和方法分析并解决理论与实践问题；③创新创业能力，具有较强的组织沟通能力与探索性、批判性思维能力，不断尝试理论或实践创新。

国际商务专业学生的素质结构包括思想道德素质、专业素质、文化素质和身心素质四个方面，具体内容包括：①思想道德素质，努力学习掌握马克思主义、毛泽东思想和邓小平理论，梳理辩证唯物主义和历史唯物主义世界观；拥护党的领导和社会主义制度，具有较强的形势分析和判断能力；具有良好的道德修养和社会责任感、积极向上的人生理想、符合社会进步要求的价值观念和爱国主义的崇高情感；②专业素质，具有国际视野，系统掌握本专业基础知识，具备发现组织管理问题的敏锐性和判断力，掌握创新创业技能，并能够运用本专业理论和方法，系统分析、解决组织的管理问题；③文化素质，具有较高的审美情趣、文化品位、人文素养；具有时代精神和较强的人际交往能力；积极乐观地生活，充满责任感地工作；④身心素质，具有健康的体魄和心理素质，具备稳定、向上、坚强、恒久的情感力、意志力和人格魅力。

根据《普通高等学校本科专业类教学质量国家标准》中国际商务专业人才培养目标和要求，结合我院国际商务专业现有专业课程设置体系和国际商务专业学生就业单位需求实际情况，我校国际商务专业制订的培养方案中明确本科生培养目标与要求如表1所示。

表1 国际商务专业本科生培养目标与要求

培养目标与要求	术德兼修、手脑并用、知行合一	具有社会责任感、商业道德和创新精神	掌握现代经济管理理论及管理方法	适应北京现代服务业发展需要,具有国际视野、团队精神、跨文化交流能力和商务决策能力
（1）具有较好的人文社会科学素养、较强的社会责任感和良好的职业道德，具备尊重并适应文化差异的素质	√	√		
（2）牢固掌握管理学和经济学基本理论、基本知识和基本方法，具有从事国际商务运营及管理工作所需的数学等自然科学知识	√		√	√
（3）具备较为扎实的管理学科基础知识及国际商务基本理论知识，了解国际商务专业的理论前沿与发展动态	√	√	√	√
（4）掌握国际商务活动中基本的定性、定量分析方法和分析工具，能够综合运用国际商务专业知识和管理工具分析并解决企业国际化经营过程中遇到的各种问题	√	√	√	√
（5）掌握国际商务专业技能，具有人力资源管理、财务管理、市场营销管理、服务管理等一种或多种国际商务职能管理能力，并具有一定的创新意识和创业思维	√	√	√	√

续表

培养目标与要求	术德兼修、手脑并用、知行合一	具有社会责任感、商业道德和创新精神	掌握现代经济管理理论及管理方法	适应北京现代服务业发展需要，具有国际视野、团队精神、跨文化交流能力和商务决策能力
（6）了解国内外经济法律法规及政策方针，熟悉企业国际化运营的规则、惯例以及管理实务	√	√		√
（7）具有利用计算机获取信息及信息分析处理能力，具备基本的文献检索、资料查询、撰写论文的能力	√		√	
（8）具有较强的组织管理能力、团队协作能力及国际市场开拓能力	√		√	√
（9）具有国际商务竞争环境下适应发展能力及终身学习能力	√		√	√
（10）具有较强的国际视野、商务沟通与人际交往能力以及跨文化交流及合作能力	√			√

国际商务专业培养方案的培养目标与要求是该专业学生应具备的知识、能力和素质的综合体现，更是专业培养的重要标准和依据。在培养方案中，各项培养目标与要求的根本目的在于使学生具备解决企业国际化经营过程中的各种问题的知识、能力和素质。解决问题的过程即为决策的过程。

三、国际商务专业课程的遴选依据

根据国际商务专业培养目标与要求，国际商务专业核心课程群建设围绕构建"国际商务决策的知识—能力—素质体系"这一目标进行课程遴选并确定以下遴选依据。

（1）课程为使学生掌握国际商务决策相关理论知识与方法，具备国际商务决策能力，培养国际商务人才综合素质的理论性和实务性课程，兼顾理论教授和实操训练。

（2）课程为学生培养国际视野和国际商务策划、组织设计与开拓国际市场的能力打下坚实的基础。

（3）课程对学生综合运用相关学科专业知识和管理工具分析并解决企业国际化经营过程中遇到的各种问题进行了较为系统的训练。

（4）课程培养了学生的知识综合应用能力、创新思维能力和跨文化交流合作能力。

（5）课程群任课教师具有多年教学经验和实践经验，具有指导学生参与专业竞赛的经验，可以将实务操作与教学有机地结合在一起。

国际商务专业根据以上标准选取三门专业课程形成课程群，共同建设。

四、国际商务专业课程群建设的质量标准

《国家中长期教育改革和发展规划纲要（2010—2020年）》中明确提出，提高质量是高等教育发展的核心任务，是建设高等教育强国的基本要求。为了使教学适应社会需求和学生特点的变化，实现学生专业发展与个性发展的有机兼容，培养出对社会有用的应用型、复合型、创新型专业人才，必须严格保证专业人才培养质量。

因此，为了切实保障国际商务专业人才培养质量，课程群以国家教育改革基本要求为基础，结合课程特点，建立以下质量标准（见表2）。

表2　国际商务专业课程群建设质量标准

一级指标	二级指标	质量标准
1. 掌握国际商务决策基本知识	1.1 掌握企业国际化经营环境分析及战略选择决策的理论与工具	1.1.1 掌握国际市场调研的基本方法与工具 1.1.2 掌握国际产业竞争环境分析的基本方法与工具 1.1.3 掌握国际市场进入战略评价与选择的依据与方法
	1.2 掌握国际经营与管理职能决策的理论与工具	1.2.1 掌握跨国公司跨国经营与管理相关概念、知识与方法 1.2.2 掌握跨文化经营与管理职能决策基本方法与工具并分析实际问题
2. 具备国际商务决策分析能力	2.1 具备分析和选择国际市场进入战略的能力	2.1.1 具备分析和评估国际目标市场宏观经营环境的能力 2.1.2 具备分析和评估国际目标市场产业竞争环境的能力 2.1.3 具备评价与选择国际目标市场进入战略的能力
	2.2 具备制定国际经营与管理职能决策的能力	2.2.1 具备分析跨国公司经营与管理活动的能力 2.2.2 具备应用跨文化管理策略的能力
	2.3 具有综合运用知识解决国际商务实际问题的能力	2.3.1 具备系统运用所学知识针对具体的经营问题进行商务决策的能力 2.3.2 具有有效的团队合作能力和沟通能力
3. 形成国际商务决策专业素质	具有创新思维与能力	在进行商务决策过程中具有创新思维与创新能力

五、国际商务专业课程群建设方案

根据课程群质量标准，制定各门课的课程建设方案基本标准，具体如下。

1. 教学大纲和教学内容

课程群的三门课程要根据其在课程群内的地位和作用，就教学大纲与教学内容进行密切沟通和内容取舍，保证教学内容做到有效铺垫与流畅衔接，不浪费时间重复讲述基础知识。实训课程内容能有效培养学生的实践能力和创新能力。注重基础知识的获取，专业知识的理解和加深，综合应用能力的培养，打造一个循序渐进、知识能力不断提升的螺旋式上升的良性循环途径。

2. 教学方法与手段

能够因材施教，教学组织与设计过程重视互动式、参与式、启发式、案例式等教学方法的运用，能激发学生学习的积极性和主动性，教学过程体现传授知识、培养能力和提高素质相结合；教学手段丰富多样，能结合课程特点恰当地使用现代化教学手段，在提高教学效果方面成效明显。

3. 教学团队

课程群教学团队应选择教学能力强、教学经验丰富、教学特色鲜明的教师，有合理的知识结构、职称结构和年龄结构，能够有效地进行团队沟通与协作。

4. 教材选用

选用优秀教材（含国家优秀教材、国外高水平原版教材或高水平的自编教材）；课件、案例、习题等相关资料丰富，并为学生的研究性学习和自主学习提供有效的文献资料。

5. 考核评价

积极进行考核评价方法的改革，侧重考核学生对基本知识的掌握程度和分析问题、解决问题的综合能力，有严格的考核要求和评价标准，评判公正规范。

6. 教学资源

课程群应提供三门课程的教学大纲、教学日历、授课教案、习题、实训计划等材料。

国际商务专业课程群建设目标是，通过国际商务专业课程群的建设，围绕构建"国际商务决策的知识—能力—素质体系"这一目标，培养学生具备解决企业国际化经营过程中的各种问题的知识、能力和素质，形成"厚基础、强能力、高素质"的培养模式，达到知识、能力、素质三位一体的人才培养目标的要求。

在国际商务专业课程群具体建设方式上，一是要制定课程标准。由课程教师与企业专家共同确定国际商务专业的学生应具备的知识结构、能力要素和职业素质，形成课程标准，明确教学内容与考核评价方式。二是要进行教学过程控制，在教学过程中，课程教师应严格按照课程的教学标准与教学大纲进行授课，注重理论与实际的结合。同时，邀请企业专家进行授课，弥补课程教师实践经验的不足，提高教学质量，保证教学效果。三是要进行绩效考评，采用课程教师与企业专家共同考核的方式进行，采取多元化考核方式，包括理论知识测试、案例分析、模拟经营等，综合评价学生的学习成果。

六、结　论

随着我国经济社会的快速发展，为了适应国际商务活动的发展需要，迫切需要提高国际商务人才的教育教学质量。本文基于应用型人才培养目标，对国际商务专业课程群建设的培养目标、课程遴选依据、质量标准和建设方案等进行了讨论，以实现学生知识、能力、素质全方位提升为目标，进一步提高教学质量，培育应用型、复合型、开放型的国际商务人才。

参考文献

[1] 夏海霞，左连村. 国际商务课程体系知识点的离散与统一 [J]. 黑龙江教育（高教研究与评估），2018（6）：37-38.

[2] 王嘉才，杨式毅，霍雅玲，于倩. 课群及其质量检查评估指标体系的研究 [J]. 高等工程教育研究，1999（S1）：71-75.

[3] 吴开亮. 关于高师院校课程群建设的探讨 [J]. 江苏高教，1999（6）：69-71.

[4] 常志朋，汪五一，朱克朋. 基于解释结构模型的国际商务专业课程群建设研究 [J]. 安徽工业大学学报（社会科学版），2016，33（6）：75-77.

情景模拟教学法在"组织行为学"课程中的探索

乔 莉[*]

摘 要：本文根据笔者自身教学经验，着重探讨情景模拟教学法在"组织行为学"教学中的实际应用。首先分析情景模拟教学法的必要性，其次介绍情景模拟实施过程的几个关键环节，并通过具体实例详细展现该步骤。最后，提出情景模拟教学法面临的问题以及相应的改进建议。

关键词：组织行为学；情景模拟；教学

组织行为学是一门应用性极强的学科，它关注组织不同层面的个体、群体和组织水平的问题，通过挖掘现象与数据背后的稳定规律，得出理论关系。以此为基础，要求学生在学习中能够理论与实践相结合，学会权变的思想，权变地看待问题，提出管理工作建议与改进策略，解决组织实际管理中遇到的问题。

在"组织行为学"的教授过程中，为了提高教学质量，许多教师运用多种方法进行知识点的教学。这些方法通常有讲授教学法、讨论教学法、案例教学法、情景模拟教学法等。情景模拟教学法在"组织行为学"教授中的教学效果值得专门研究。

---

[*] 乔莉，北京联合大学商务学院国际商务专业，副教授，博士。

所谓的情景模拟教学法，就是在组织行为学的教学中，要求围绕某一知识主题，尽可能创设模拟这一主题下管理活动的真实环境，让学生扮演其中的各个角色，通过情景模拟和角色扮演，使学生能够把理论上的概念与现实中遇到的问题相结合，真正学习、理解并在实际的工作中运用这些知识及方法。

一、情景模拟教学法的优点

1. 增加学习的趣味性

相对于其他的教学方法，到位的模拟更强调全员的参与和互动的现场气氛。学生通过有声语言、面部表情、肢体语言、道具等把知识点的内容融入剧情中，让课堂更加丰富生动，调动学生参与的热情，使学习更有趣味。

2. 提高课堂教学效果

对于从未经历社会，对企业、对复杂人性、对管理没有实践认知的本科学生来说，组织行为学中有些必须掌握的概念、理论，因其抽象性而使他们难以理解，这就使得课堂教学效果不甚理想。能够"设身处地"站在角色的位置进行思考，对不同岗位角色的心理进行研究进而模拟表演，由此更理解不同管理职位的行为活动，从而使课堂教学收到更好的效果。

3. 提升实践能力

不仅锻炼学生查找、归纳、提炼资料及其观点等能力，另外通过现场角色的模拟表演，对于需要掌握的理论知识点有了具体的和现实情况的对接。在仿真环境中的身临其境，直观地让学生面对问题、认识问题，运用所学知识去解决实际问题，达到对实践能力提升的训练。

二、情景模拟教学法的设计

本方法连续两年选定北京联合大学国际商务专业班级为试点，在"组织行为学"课程教学中使用情景模拟法模拟谈判。

（一）模拟谈判法教学的总体设计

1. 确定合适的案例

针对学生不易掌握、理解抽象、有难度的知识点，结合课堂理论教学的要求，选择适合的模拟实例，作为情景模拟谈判的案例背景材料。本应用案例选定陈国海编著的《组织行为学》教材里权力与政治的知识点，关于公司副经理选拔进行情景模拟。

2. 模拟谈判人员分组

整个教学班50多人，共分为5个小组，每一个商务谈判组大致包括11～12人。每个组确定一个组长，负责组织、管理本组人员进行模拟课前的有关准备及练习。教师作为顾问随时与有问题的小组沟通，帮助学生解决在准备过程中遇到的具体问题。

（二）情景模拟教学法的案例实施

1. 案例内容描述

场景设计：部门副经理跳槽离开公司，需要选拔一位新的副经理。

选拔流程：部门经理推荐，人事经理民意调查、考核，呈送意见给总经理，总经理呈送意见给董事长，下发人事经理，发任命书。

角色：董事长、董事长太太、总经理、总经理太太、人事经理、部门经理、5名员工。

5名员工都希望自己能胜任，他们各有所长。A员工资历高，已在公司工作了15年，任劳任怨，但能力平平；B员工是总经理太太的表侄，在公司工作3年，但人缘不好；C员工技术和管理能力强，但有点不服领导的管教；D员工刚来公司工作两年，能力很强，学历高，硕士毕业；E员工工作能力也不错，但家里有个9岁的小孩，丈夫经常出差。

情景模拟：角色扮演后，呈现出权力与政治的主题，并且表现出各种政治因素对副经理选拔的影响。

2. 确定角色

小组人员根据成员各自兴趣、表演特长、驾驭角色能力等实际情况，讨论协商，确定案例材料中不同的角色，即董事长、董事长太太、总经理、总经理太太、人事经理、部门经理、5名员工。

3. 信息准备

各小组需要对教师给定的案例进行角色分析，确定自己的任务分工后，寻找与角色有关的资料，理解角色需要通过什么样具体的事件及语言表达，通过角色的表演模拟，展现出知识点的内容。

4. 模拟案例的运用及时间安排

按照教学计划，提前2~3周布置案例内容，在计划进度内进行课堂情景模拟。要求小组在课余准备相应的内容，模拟前都必须有初步起草的剧本，课堂随机选择小组模拟，每组15分钟左右。

5. 实施情景模拟

各小组经过充分准备之后，便进入课堂，按照设定的时间模拟表演。在课堂上，学生小组进行观摩、讨论和点评，且每个现场模拟的小组由各个观摩小组按照统一发放的成绩评估表，从角色表演对权力与政治的知识点表达是否鲜明、结合公司人员选拔的内容是否有深度、场景及语言内容的表现、逻辑性、团队合作、表演性等方面按不同比例进行打分，根据学生小组的评价分数评出情景模拟一、二、三等奖，所有努力准备的均为入围奖，并有相应的奖品激励。教师实时控制时间及模拟的课堂节奏，最后，教师就模拟的实际情况进行总结点评，提出值得肯定、不足和改进的地方，从而加深对理论的认识。课后每个小组完善模拟剧本的文字内容，学生按照统一格式提交后，作为平时成绩的一部分，教师最终给出剧本的评价分数。

三、情景模拟教学法面临的问题

1. 理论与实际结合的深度不够

由于部分同学没有进行充分的准备，又没有社会真实工作氛围中的体会，对于什么是政治、什么是权力理解得不够深。表现在模拟上，基本是就选拔论选拔，没有深刻体现出公司复杂的上层关系，比如管理层太太团的作用及其幕后对决策层的影响；在政治和权力的影响下公司选拔是任人唯贤还是任人唯亲，从而对政治斗争以及权力之争的理解及表演都不够具体到位。

2. 教师与学生在课外排练中的指导互动不到位

由于受学习习惯等因素的影响，在模拟案例的设计和实施步骤中，欠缺学生与教师互动的机制。所以在同学们的准备工作中，只有个别小组针对如何表达剧本本身的主题，以及理解知识点遇到问题时会与教师保持沟通。如果教师不主动，大部分小组都是沉默状态，自己学习、理解，呈现出的公司选拔之争，也只是流于剧情的表面。表象的表演，缺乏对深度的把握。

3. 模拟的整体结构把握不好

由于受课时所限，课堂模拟也对每个小组的表演限定了时间。这需要学生们在课外要投入足够的时间来保证表演的熟练度以及对问题理解的深度。课堂的成绩是课外努力的结果，如果没有前期大量的准备和投入，在有限的时间内模拟表演的重点及主题常常不突出，在时间的控制上也不好，要么时长不够，要么超时。

四、提升情景模拟教学法在组织行为学教学中效果的建议

1. 加强课外指导

在每个小组中要推选出一个有担当、执行力好的同学，随时与指导教师保持沟通互动。教师要建立随访机制，在学生课外模拟准备过程中，要随时在具体知识点上予以指导，帮助学生认知问题、解决问题。

2. 调动学生的积极性和参与热情

情景模拟教学法对教师和学生都提出了不同的要求。在今后的教学设计中，教师要和学生共同探讨，了解他们需要提供什么样的帮助；在具体模拟情节的考核评判方面，也要体现出对表演趣味性的肯定，设计出相应的奖励条款，这样激发更多学生参与的热情和兴趣。

3. 优化设置情景模拟的教学环节

在今后的教学中，可以把模拟主题和范围限定得更加明确。通过对情景的具体设计，帮助同学们在实际的操作中能够紧紧围绕要掌握的知识点，在深度方面表现得更到位，知识掌握得更牢固，进而真正地培养学生

分析实际问题的思维能力,并在深刻体会管理的仿真环境中,促进他们管理素养的提高。

参考文献

[1] 陈国海. 组织行为学 [M]. 第4版. 北京:清华大学出版社,2016.

[2] 刘红霞. 情境教学法在组织行为学教学中的探索与应用 [J]. 教育观察,2016,5(3).

[3] 汪海霞. 体验式教学在组织行为学课堂教学中的应用 [J]. 山东纺织经济,2012(12).

[4] 侯二秀. 情景模拟教学法在组织行为学课程中的应用研究 [J]. 内蒙古工业大学学报(社会科学版),2009,18(2).

[5] 杨玉英,魏芬. 讨论式教学法在管理学课程中的试验与反馈 [J]. 改革与开放,2018(22).

基于 OBE 理念的 "战略管理" 课程教学改革与效果评价

刘 洁[*]

摘 要： "战略管理"是北京联合大学商务学院国际商务专业的核心课程。近年来，"战略管理"课程以 OBE 理念和 AACSB 认证为指导，不断进行教学改革和探索。本文以课程目标的实现为中心，从课程改革思路、教学改革方法以及课程评价体系等方面对课程改革进行深入探讨。通过对学生学习成果和学生对教学改革的评价可以看出，改革取得了良好的效果，并提出了持续改进措施。

关键词： OBE 理念；战略管理；教学改革；效果评价

"战略管理"课程是北京联合大学国际商务专业的核心课程，通常是在管理学、国际商务、市场营销以及跨国公司管理等先修课程之后开设的，有助于学生进一步学习资本运营、国际商务谈判等后续课程，在整个专业培养方案和课程体系中具有重要地位。该课程已连续开设十多年，近年来在北京联合大学核心课程建设项目的支持下，以 OBE 理念和 AACSB 认证为指导，不断对课程进行改革并取得了一定的成效。

---

[*] 刘洁，北京联合大学商务学院国际商务专业，副教授，博士。

一、OBE 的教学理念

OBE（Outcome Based Education），即成果导向教育，亦称能力导向教育、目标导向教育或需求导向教育，是指教学设计和教学实施的目标是学生通过教育过程最后所取得的学习成果。OBE 理念应用于大学生的培养主要是由 William Spady 率先提出，他在《成效基准理念的教育》一书中指出："基于成效的教育是以使每个学生能成功地展示学习经验为出发点来组织和运行一个教育系统。成效是指我们希望学生能够获得学习经验后所展示的清晰的学习结果。"他也强调，学生学到什么和是否学习成功了比什么时候学习以及怎么学习更重要。[1]因此，OBE 主要关注以下 4 个问题：①想让学生取得的学习成果是什么？②为什么要让学生取得这样的学习成果？③如何有效地帮助学生取得这些学习成果？④如何判断学生已经取得了这些学习成果？[2]OBE 要求将学习产出、教与学的活动、评估这三个方面统一起来，形成整个教学体系，其理念和方法被公认为是追求卓越教育的有效方法，受到世界各国著名大学的重视。[3]

Felder 和 Brent 曾提出基于 OBE 模式的课程设计模型。[3]认为在课程设计方面，首先要确定课程的目标，目标要与学校的育人目标相匹配，要能够明确在培养方案中的位置；其次需要设计能够达成目标的具体教学方法，如讲授、实验或者考察等；再次，要能够提供一定的资源配置，如教室的类型需求、教师的匹配等；最后，需要以学生的学习成效为中心对课程进行评价，从而提出持续改进的建议，形成课程建设的闭环。[4]

二、基于 OBE 理念的"战略管理"课程教学改革总体思路

1. "战略管理"课程的教学改革总体思路

以学生为中心、以成果为导向是 OBE 教学理念的核心。根据 Felder 提出的基于 OBE 理念的课程设计模型，北京联合大学商务学院的"战略管理"课程组从课程目标、教学设计、资源投入和课程评价等四个方面进行了探索，并采用反向设计、正向实施的设计思路和实施步骤，改革总体思路如图 1 所示。

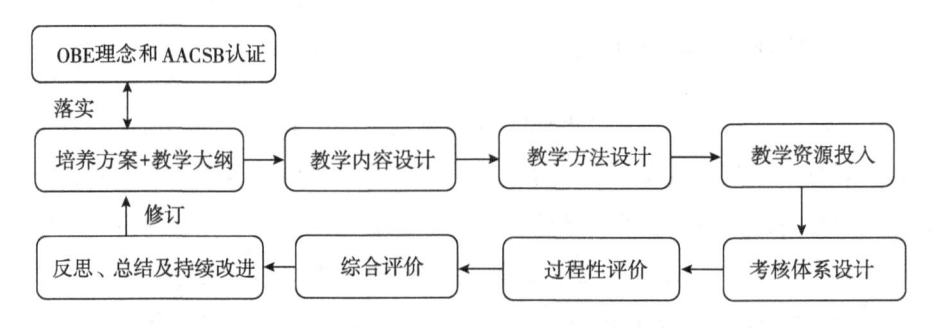

```
OBE理念和AACSB认证
       ↕ 落实
培养方案+教学大纲 → 教学内容设计 → 教学方法设计 → 教学资源投入
       ↑ 修订                                            ↓
反思、总结及持续改进 ← 综合评价 ← 过程性评价 ← 考核体系设计
```

图1 "战略管理"教学改革总体思路

2. "战略管理"课程的教学改革目标

在明确了课程的总体改革思路之后，首先需要根据OBE理念和AACSB认证要求，明确课程的主要目标和在培养方案中的地位以及与毕业生基本要求之间的关系。"战略管理"课程是一门着眼于培育学生战略性思维，开发战略管理能力的课程；是一门通过战略基本理论的学习和战略分析方法的运用，培养国际商务专业学生国际商务决策分析能力的重要课程。通过本课程的学习，使学生能够理解国际政治、经济、社会及文化等因素对企业战略决策及商务活动的影响，提高学生对商务环境的分析能力、书面报告书写能力和口头表达能力，能够辨识并确定企业战略关键问题，锻炼学生有效与组员进行合作，从而提高国际商务决策分析能力。其教学内容、教学目标与毕业生基本能力要求如表1所示。

表1 教学内容、教学目标与毕业生基本能力要求

教学内容	教学目标	毕业生基本能力要求
融入整个教学内容	培育社会主义核心价值观，掌握战略管理的基本理论和基本方法	具有较好的人文社会科学素养、较强的社会责任感和良好的职业道德
外部环境分析	掌握外部环境分析的基本理论与方法，尤其要掌握PEST分析法和五力模型	具备较为扎实的管理学科基础知识及国际商务基本理论知识。理解国际政治、经济、社会及文化等因素影响商务活动的作用机制

续表

教学内容	教学目标	毕业生基本能力要求
内部环境分析	运用所学知识能够分析企业的资源、企业的价值链、企业能力、企业核心专长等	能够辨识并确定关键问题，掌握国际商务活动中基本的定性、定量分析方法和分析工具，具有分析问题和解决问题的能力
战略承诺、战略方向与战略目标	理解战略承诺及其构成；理解战略方向选择；了解企业的战略目标	具有较好的人文社会科学素养、较强的社会责任感和良好的职业道德
业务层战略、公司层战略和国际化战略等内容	理解不同层次的企业战略，通过案例讨论，掌握不同层次企业战略中的侧重点，并能够运用所学知识做出理性判断，培养学生分析和解决问题的能力	掌握国际商务专业技能，能够综合运用国际商务专业知识分析并解决企业国际化经营过程中遇到的各种问题，具有一定的创新意识和创业思维 具有批判性思维能力，能够通过分析论证做出合理判断，且具有团队合作和业务实践的能力
企业战略的推进方式与实施	掌握不同的企业战略推进方式，理解战略联盟、并购和重组对企业战略推进的作用。理解并掌握企业战略实施的性质和过程	掌握国际商务专业技能，能够综合运用国际商务专业知识分析并解决企业国际化经营过程中遇到的各种问题，具有一定的创新意识和创业思维

三、基于OBE理念的"战略管理"课程教学方法设计

1. 在创新教学模式和教学方法方面的改革探索

（1）引入虚拟仿真实验教学。将"商道"管理决策模拟软件引入课堂，使学生在实践中深入掌握和运用企业战略管理及决策知识，剖析企业运营过程，提高创业与就业的实践能力。在16周的课程教学中，利用4～8周的课程进行管理决策模拟实践，完成一轮管理决策比赛。这样一方面启发学生高级管理人员的系统思维，提升学生团队协作能力和组织效率，为学生塑造真实的商业模拟环境；另一方面为组织并指导学生参加"创新创业"全国管理决策模拟大赛奠定坚实的基础。

（2）课赛结合。组织并指导学生参加"创新创业"全国管理决策模拟大赛。通过参加比赛使学生在模拟经营实践中，培养创业实践精神，体会如何在各种复杂条件下做出决策，学会在困境中生存发展的企业家精神，学会如何领导组织团队完成目标。最终有3名学生通过省赛和全国半决赛，进入全国总决赛并取得了二等奖。

（3）校企合作，加强企业实践，增强学生对商业模式创新的认识和理解。通过几次带领学生到企业进行调研参观，如参观雪莲仁立手工坊、义乌双童日用品有限公司、浪莎控股集团、良库文创园区、容艺文化公司、义乌国际商贸城和全民东家（北京）电子商务有限公司等，增加学生进入企业实践的次数，带领学生实地了解企业战略，并选择典型商业模式进行实地考察，将商业模式创新的前沿内容融合到课程教学中，实现理论与实践相结合。

（4）充分发挥校外行业专家团队具有丰富行业实践经验的优势，聘请优秀企业家进课堂，完成三分之一学时（16个学时）的教学，加强行业专家对课程教授的参与和指导。

（5）加强应用型案例教学。通过建设案例库，并结合带学生参访的企业实践，储备适合本科生研讨的教学案例资料，应用于课堂教学与课后作业，提高学生的案例分析能力。

教学方法改革需要紧密围绕预期学习目标进行，这五方面教学方法改革与相应的预期学习目标如表2所示。

表2 教学方法改革与相应的预期学习目标

教学方法改革	预期学习目标
虚拟仿真实验教学	培育社会主义核心价值观，掌握战略管理的基本理论和基本方法。 掌握外部环境分析的基本理论与方法。 运用所学知识能够分析企业的资源、企业的价值链、企业能力、企业核心专长等。 掌握不同层次企业战略，学会分析企业不同层次的战略，并能够运用所学知识做出理性判断，培养学生分析和解决问题的能力。 理解并掌握企业战略实施的性质和过程。 具有批判性思维能力，能够通过分析论证做出合理判断，且具有团队协作学习和业务实践的能力

续表

教学方法改革	预期学习目标
课赛结合	培育社会主义核心价值观，掌握战略管理的基本理论和基本方法。 掌握外部环境分析的基本理论与方法。 运用所学知识能够分析企业的资源、企业的价值链、企业能力、企业核心专长等。 掌握不同层次企业战略，学会分析企业不同层次的战略，并能够运用所学知识做出理性判断，培养学生分析和解决问题的能力。 理解并掌握企业战略实施的性质和过程。 具有批判性思维能力，能够通过分析论证做出合理判断，且具有团队协作学习和业务实践的能力
校企合作，加强企业实践	培育社会主义核心价值观，掌握战略管理的基本理论和基本方法。 能够运用所学知识做出理性判断，培养学生分析和解决问题的能力
企业家进课堂	掌握不同层次企业战略，学会分析企业不同层次的战略，并能够运用所学知识做出理性判断，培养学生分析和解决问题的能力
应用型案例教学	培育社会主义核心价值观，掌握战略管理的基本理论和基本方法。 掌握外部环境分析的基本理论与方法。 运用所学知识能够分析企业的资源、企业的价值链、企业能力、企业核心专长等。 掌握不同层次企业战略，学会分析企业不同层次的战略，并能够运用所学知识做出理性判断，培养学生分析和解决问题的能力。 具有批判性思维能力，能够通过分析论证做出合理判断，且具有团队协作学习和业务实践的能力

2. 教学策略与教学设计

根据课程目标，"战略管理"课程组将教学内容分为理论教学和实践教学。

首先，在理论教学中，主要运用应用型案例教学和企业家进课堂的教学方式来加深学生对理论内容的认识，并通过案例讨论，近距离接触企业家来提高学生的学习兴趣和商务沟通能力。

其次，在实践教学中，主要运用虚拟仿真实验教学、课赛结合和企业实践的方式加强学生理论联系实际、灵活运用所学知识的能力。虚拟仿真实验教学是在学完基础理论之后，对理论的完全自主运用，学生需要三人为一组，根据不同角色进行分工，然后要根据行业背景确定自己的战略目标。在每一轮模拟竞赛中，学生需要根据外部环境，分析行业的整体发展情况，并对竞争对手进行分析对比，从而确定小组具体的决策值。而每一轮的决策值都是从公司的整个战略再到生产、运营、人力资源以及财务等各方面具体战略的协同，这与战略管理所授内容与思路是一致的，对于学生理解战略管理的精髓很有益处。

参加"创新创业"全国管理决策模拟大赛，学生除了对理论知识的应用，更深刻体会了如何在各种复杂条件下做出决策，并增强了团队合作能力。通过课赛结合，明确了想让学生取得什么样的学习成果，并让学生和老师都理解了为什么要取得这样的学习成果，基于模拟竞赛的过程和结果还可以判断学生取得的学习成果。因此，课赛结合是对OBE理念很好的诠释，并同时加强了对学生的创新创业教育。

参加企业实践可以让学生真正走入企业，了解真实的企业发展和环境变化情况，不仅加深了学生对战略管理理论与方法的认识，更理解当前企业发展的最新状况。学生通过分组确定自己的研究课题，带着问题进行参观，参观之后写出感想和研究论文，对学生分析问题的能力、批判性思维能力和团队协作能力都有较大的促进作用。

四、加大资源投入[3]

围绕课程目标和教学设计，依托于核心课程建设项目，课程组不断加大教学资源投入。

第一，购买战略决策模拟软件。课程组通过购买"商道"战略管理决策模拟软件，将模拟实践、模拟竞赛与课程相融合，强化实践教学环节，并在"创新创业"全国管理决策模拟大赛方面加大对学生的赛前培训和辅导。不仅由本校教师对学生进行培训，还聘请在比赛方面有经验的专家和其他高校的学生对本校学生进行培训，从而使学生在商业模拟实践中深刻理解和熟练运用企业经营和管理决策理论与方法，不断培养和提升他们的商战实践综合能力。

第二，课程组聘请了有资质的企业家进入课堂，承担三分之一的课时。为了增强学生对行业和企业实践的理解，"战略管理"课程组聘请了北京时尚控股有限公司品牌发展部副部长进入课堂，该企业家结合北京时尚控股有限公司和其他行业主要企业的战略发展，为学生进行了 16 课时的授课，丰富了课堂内容，受到学生好评。后续课程组还将会聘请更多的企业家进入课堂，让学生近距离接触行业和企业。

第三，加大校企合作力度，加强企业实践，增强学生对商业模式创新的认识和理解。基于当前商业模式创新对企业发展的重要性及国际商务专业突出商业模式创新特色，培养适应"互联网＋"的创新型国际商务运营管理人才的要求，课程组不断加大和企业的合作力度，增加学生的企业实践次数，增强学生对商业模式创新的学习与实践。

第四，加大教师团队建设力度。首先，鼓励现有任课教师主动学习并积极参加战略管理教学的相关培训，积极从事战略管理领域的教学和科学研究。其次，加强教师与其他高校的交流，学习其他高校战略管理教学经验，交流教学案例。最后，积极利用外教资源。因国际商务专业包括中文班和全英班，所以要积极寻找并充分利用优秀的外教资源：一方面，为学生提供更为先进的教学理念与方法；另一方面，通过外教参与课程团队教学活动，提高课程团队教师的教学理念和英语水平。

五、学习成果导向型的考核评价

在对学生课程学习的效果评价方面，"战略管理"课程结合 OBE 理念和 AACSB 认证要求，对学生的学习进行全过程多方面评价。北京联合大学商务学院以最具权威性的国际商科认证机构——国际高等商学院协会（AACSB）的认证体系为质量标准，培养国际商务人才，建设国际化商学院。2016 年，商务学院初始自评报告一次性通过 AACSB 初始认证委员会专家的审核，北京联合大学成为中国大陆第一所进入初始认证环节的地方普通高校。学院基于 AACSB 国际认证的教学质量保障体系（AoL）来建设课程的标准和要求，这和 OBE 的理念也是相同的。因此，"战略管理"课程结合 AoL 连续三年对学生的学习效果进行评价。

1. 优化课程教学过程管理

(1) 按照 AoL 检测课程的要求，重新修订了教学大纲和教学方案，制定了详细的授课计划和教学环节；明确了课程检测指标、相应的检测点以及检测标准。

(2) 完善"3+X"考核方式。从理论教学、实践教学以及案例分析三个维度提炼课程检测点，注重考查学生综合运用知识和技能分析、解决实际问题的能力，形成多样化、可测性、可量化的平时成绩评价体系。秉承 AoL 课程设计可持续改进的理念，已完成两轮课程检测，保障专业学习目标（LG）的实现（见表3）。

表3 商务学院国际商务专业战略管理学习目标课程图谱*

目 标	要 求	目标重要性	课程教学过程管理措施
2. 具有国际视野	2.2 理解国际政治、经济、社会及文化等因素影响商务活动的作用机制	√√	教师授课方面： (1) 集体备课。 (2) 授课质量保障。 对学生的管理： (1) 案例教学：课前预习；课堂讨论；课后报告。 (2) 作业和习题课。 (3) 课堂测试。 (4) "商道"管理决策模拟竞赛：课前准备、课上比赛、课后查看结果并决定下一轮决策值。 (5) 蓝墨云班课的使用。 (6) 企业实践总结报告和相关论文撰写
3. 具有商务沟通能力	3.1 能够在商务环境中有效进行口头表达	√	
	3.2 能够有效完成书面商务报告	√	
4. 具有批判性思维能力	4.1 能够辨识并确定关键问题	√	
5. 具有团队合作能力	5.1 能够认同组员对团体的贡献，并能有效与组员进行合作	√	
6. 具有国际商务决策分析能力	6.1 掌握国际商务的相关理论与方法	√√	
	6.2 能够将国际商务的相关理论与方法运用于国际商务决策分析中	√	

*国家商务专业的学习目标中第1和战略管理课程没有强相关和弱相关，所以不列入表中，表中的学习目标从第2个开始。

(3) 学习品质保障体系（AoL）的教学过程管理。

从教师授课的角度进行的管理：

①备课。围绕教学大纲和应用型人才培养目标，精心设计授课计划和教学环节，形成集体备课的制度和标准。

②授课。通过课程团队加强自身建设、校外行业专家助力和课程审查及指导小组外部指点，严控授课质量。

对学生的教学管理：

①案例教学。课前对案例进行预习，课堂对案例进行讨论，课后撰写案例分析报告。通过推进案例教学，培养学生的综合应用能力。

②作业、习题课以及课堂测试。通过课后作业、习题课以及课堂测试，及时巩固学生理论知识的理解及应用，考核学生国际商务专业基本理论及技能的掌握能力。

③"商道"管理决策模拟竞赛。通过课前查看系统说明和比赛相关经验、课上比赛、课后查看竞赛结果并决定下一轮决策值，促使学生学会小组自主学习，考核学生自主学习、批判式学习能力。竞赛结束后对比赛过程进行复盘，每组学生对比赛中的问题和收获进行PPT汇报，考核学生专业技能的应用与实施能力、团队协作与沟通能力以及国际商务决策分析能力。

④运用"微信"课程群和蓝墨云班课，鼓励学生进行研讨式或小组式学习，考核学生的团队协作与沟通能力。

⑤企业实践总结报告和相关论文撰写。在带领学生进行企业实践之前，提前布置相关思考问题并将学生进行分组，鼓励学生在与企业座谈时积极提问，实践之后每组同学撰写总结报告，并就相关问题撰写研究论文，考核学生的批判性思维能力、商务沟通能力、团队合作能力和国际商务决策分析能力。

2. 学习成果导向型考核评价，加强教学过程管理

考核方式及考核成绩采用平时成绩与期末成绩相结合，平时成绩以"3 + X"方式构成，占40%，包括考勤与课堂讨论、课堂测试与练习、案例分析报告、"商道"管理决策模拟竞赛的成绩与PPT汇报以及蓝墨云班课经验值；期末考试成绩占60%，考试重点考核学生对战略管理的基本理论、环境分析和不同层次企业战略的分析与制定，如表4所示。考试采用五种题型：单项选择题、判断题、简答题、论述题和应用题。

表4 学习成果导向型考核评价表

考核方式	权重（%）	评估的课程学习成果
1. 平时：考勤+课堂讨论	12	培育社会主义核心价值观，掌握战略管理的基本理论和基本方法
2. 平时：案例分析报告	6	掌握外部环境分析的基本理论与方法。 具有国际视野，理解国际政治、经济、社会及文化等因素影响商务活动的作用机制
3. 平时：课堂测试与练习	6	培育社会主义核心价值观，掌握战略管理的基本理论和基本方法。 掌握外部环境分析的基本理论与方法。 运用所学知识能够分析企业的资源、企业的价值链、企业能力、企业核心专长等。 掌握不同层次企业战略中的侧重点，学会分析企业不同层次的战略，并能够运用所学知识做出理性判断，培养学生分析和解决问题的能力
4. 平时："商道"管理决策模拟竞赛的成绩与PPT汇报	14	培育社会主义核心价值观，掌握战略管理的基本理论和基本方法。 掌握外部环境分析的基本理论与方法。 运用所学知识能够分析企业的资源、企业的价值链、企业能力、企业核心专长等。 掌握不同层次企业战略中的侧重点，学会分析企业不同层次的战略，并能够运用所学知识做出理性判断，培养学生分析和解决问题的能力。 理解并掌握企业战略实施的性质和过程。 具有批判性思维能力，能够通过分析论证做出合理判断，且具有团队协作学习和业务实践的能力
5. 平时：蓝墨云班课经验值	2	培育社会主义核心价值观，掌握战略管理的基本理论和基本方法
6. 期末：闭卷考试	60	掌握外部环境分析的基本理论与方法。 运用所学知识能够分析企业的资源、企业的价值链、企业能力、企业核心专长等。 掌握不同层次企业战略中的侧重点，学会分析企业不同层次的战略，并能够运用所学知识做出理性判断，培养学生分析和解决问题的能力。 理解并掌握企业战略实施的性质和过程

六、"战略管理"课程教学改革效果评价

在课程进行改革之后,课程组不断通过多样化的考核方式和对学生进行问卷调查来了解学生对课程内容的掌握情况,以及课程改革的效果,并不断进行总结反思,从而提出可持续的改进措施。

首先,根据学生对课程教学改革的问卷调查,学生普遍对改革中的教学模式表示满意。其中,对于企业家进课堂的认可度最高。76.19%的学生认为企业家进课堂的效果非常好,23.81%的学生认为效果比较好,如图2所示;39.22%的学生认为"商道"管理决策模拟竞赛的效果非常好,52.94%的学生认为效果比较好,如图3所示;37.25%的学生认为企业实践的效果非常好,52.94%的学生认为效果比较好,如图4所示。

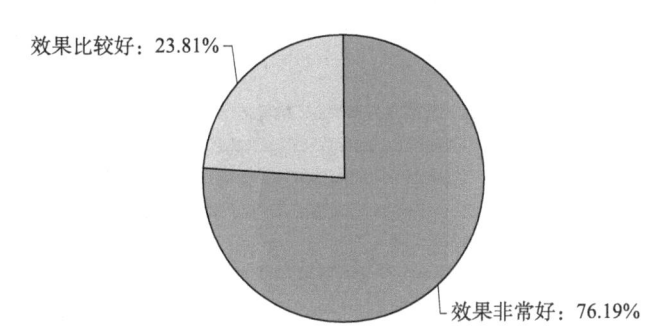

图 2　企业家进课堂的效果

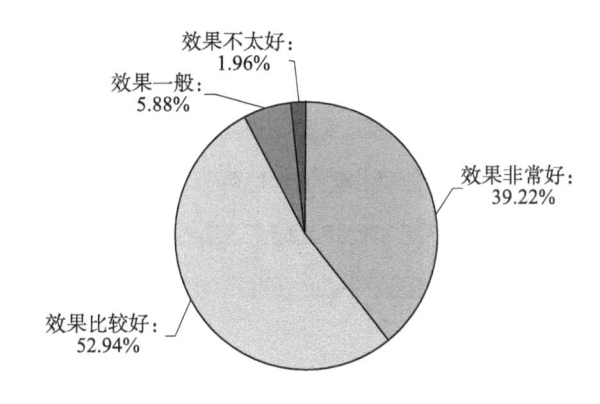

图 3　"商道"管理决策模拟竞赛的效果

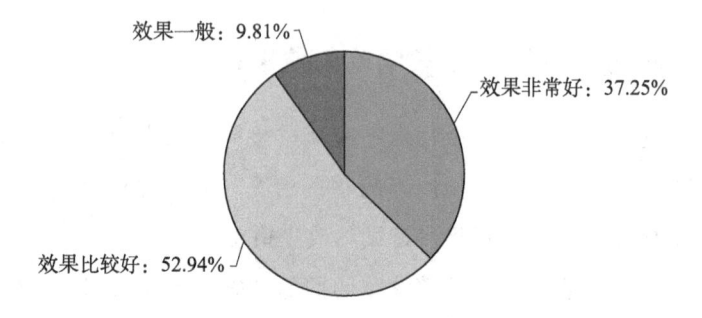

图4 企业实践的效果

- 效果非常好：37.25%
- 效果比较好：52.94%
- 效果一般：9.81%

在具体效果方面，学生普遍认为"商道"管理决策模拟竞赛提高了分析问题的能力、沟通能力、实践能力和逻辑能力以及团队合作能力，如图5所示。企业实践提高了他们的实践能力、沟通能力、创新能力和逻辑能力，如图6所示。企业家进课堂开阔了他们的专业视野、了解了学科前沿和行业实践以及提高了专业学习与应用能力，如图7所示。

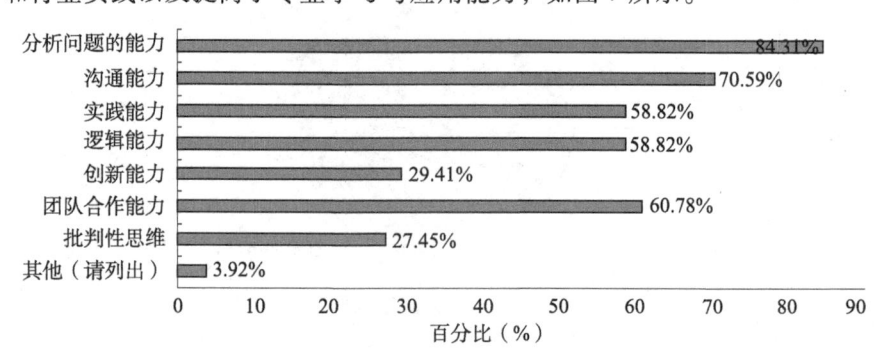

图5 "商道"管理决策模拟竞赛的能力提升

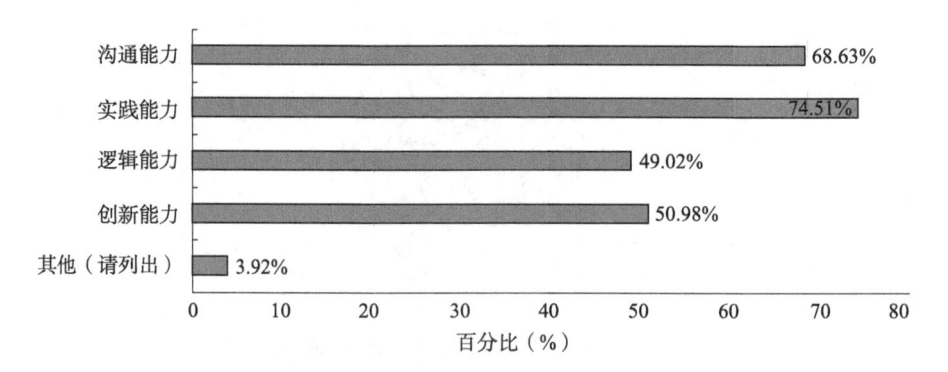

- 分析问题的能力：84.31%
- 沟通能力：70.59%
- 实践能力：58.82%
- 逻辑能力：58.82%
- 创新能力：29.41%
- 团队合作能力：60.78%
- 批判性思维：27.45%
- 其他（请列出）：3.92%

图6 企业实践的能力提升

- 沟通能力：68.63%
- 实践能力：74.51%
- 逻辑能力：49.02%
- 创新能力：50.98%
- 其他（请列出）：3.92%

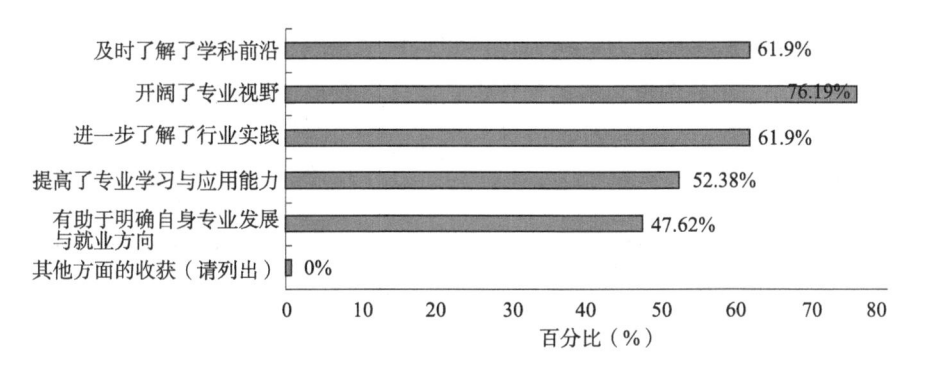

及时了解了学科前沿	61.9%
开阔了专业视野	76.19%
进一步了解了行业实践	61.9%
提高了专业学习与应用能力	52.38%
有助于明确自身专业发展与就业方向	47.62%
其他方面的收获（请列出）	0%

横轴：百分比（%） 0 10 20 30 40 50 60 70 80

图7　企业家进课堂的收获

其次，从学生的学习成果来看，根据学生在虚拟仿真实验教学中的汇报环节，学生普遍认为"商道"管理决策模拟系统使他们认识到理论知识在实践中的重要作用，理解了企业战略的重要性，学会了制定和执行企业战略的方法。而三名学生进入"创新创业"全国管理决策模拟大赛总决策，获得二等奖，并在比赛后的总结中也认为收获很大，更重要的是提高了团队合作能力。在企业实践方面，学生在每次实践调研之后都写了调研报告，不仅深入了解了企业的发展战略，而且通过撰写报告提高了分析问题的能力，培养了学生的批判性思维能力和团队协作能力。在义乌调研之后，学生在教师的指导下经过数次修改发表了论文《企业商业模式的选择与创新型研究——以参观义乌企业为例》。由此可以看出，"战略管理"课程的教学改革取得比较好的效果，得到了学生的认可。

七、结　语

OBE理念的提出为课程改革和评价提供了新的视角，从注重课程资源的投入转变为注重学生学到了什么。基于OBE教学理念，教师需要反向思考和确定需要什么样的教育教学环节，聚焦学生的最终学习成果，对课程进行教学改革。将OBE理念运用于"战略管理"课程教学过程中，以课程目标实现为中心，逐步实现了教学过程中由教师为主体向学生为主体的转变[6]。通过教学内容、教学方法的设计和考核方案和评价体系的构建，激发了学生的学习热情，引导学生自主掌握理论知识，并在实践中提升思考问题和解决问题的能力。课程总体达成度明显高于考核要求,学生对教师的教学方法和教学投入予以了肯定,总体上取得了很好的效果。

参考文献

[1] Willam G. Spady. Outcome – Based Education:Critical Issues and Answers [M]. American Association of School Administrator, Arlington, Va., 1994:22.

[2] 温晓娟,梁彦清. 基于 OBE 理念的混合式教学模式研究——以"管理学"课程为例 [J]. 高等教育财经研究,2018 (3):45 – 55.

[3] 刘洁,潘月杰. 基于 OBE 理念的应用型本科"战略管理"课程教学改革探究——以北京联合大学商务学院"战略管理"课程为例 [J]. 教育现代化,2019 (4):68 – 70.

[4] Richard M. Felder, Rebecca Brent. Designing and Teaching Courses to Satisfy the ABET Engineering Criteria. Journal of Engineering Education, 2003, 92 (1):7 – 25.

[5] 苏芃,李曼丽. 基于 OBE 理念,构建通识教育课程教学与评估体系 [J]. 高等工程教育研究,2018 (2):129 – 135.

[6] 刘爱平,李虎杰,黄金川,李旭娟. 基于成果导向的"矿物学"教学改革与效果评价 [J]. 中国地质教育,2019 (2):58 – 62.

"管理学"课程思政建设的几点思考与探索

潘月杰[*]

摘 要：本文概述了"课程思政"的发展经历，以"管理学"课程为例提出了"课程思政"内容的三个来源，结合课程知识点细化了思政内容要点，同时提出了保证课程思政建设效果的三个建议。

关键词：课程思政；教学改革；管理学

一、逐渐深入的"课程思政"建设

2016年12月底，习近平总书记在全国高校思想政治工作会上正式提出了"课程思政"概念，并以此拉开了全国高校课程思政建设的序幕，实现了我国高校思想政治教育由"思政课程"向"课程思政"的转变。这几年，全国高校纷纷进行了一系列尝试，在"课程思政"领域涌现了一批先进教师，形成了一批积极的建设成果。2018年9月10日，习近平总书记在全国教育大会上提出围绕"培养什么人，怎么培养人，为谁培养人"这一根本问题，我国高等教育要坚持中国特色社会主义发展道路，培养德智体美劳全面发展的社会主义建设者与接班人，必须进一步加强高校的思想政治建设。

在全国教育大会思想的指导下，高校"课程思政"建设再上新台阶，

---

[*] 潘月杰，北京联合大学商务学院国际商务专业，讲师，博士。

许多高校围绕各自的定位与学科特色进行了更深入的探索。2019年，北京联合大学在继续深化"课程思政"的基础上，提出了"专业思政"的理念，要将思政育人贯穿到专业课程、实习实践、专业氛围与专业文化等专业培养中，更加体系化、系统化地推进立德树人。

二、"管理学"课程思政的内容来源与设计要点

（一）"管理学"课程思政的内容来源

一提到"思政"建设，大家的直觉反应是大学思想政治课程的讲述内容，包括思想品德修养、马克思主义政治经济学、中国近现代史、毛泽东思想概论及中国当代马克思主义等课程的教学内容。其实，从思政育人的角度，思政内容的内涵应该更丰富，包括但不限于上述内容。结合"管理学"课程的特点，本文认为在"管理学"课上的思政内容来源包括如下三个方面。

（1）中国传统文化中的优秀元素以及中国古代的管理智慧与管理实践。比如《论语》《道德经》《大学》《孟子》等国学经典中的管理理念、古代名臣（诸葛亮、曾国藩）等人的管理智慧与管理实践。

（2）党史中的组织管理经验以及当前党的一系列政策与改革中的管理思想与实践。比如三湾改编与组织设计、毛泽东的领导艺术、周恩来的领导风格、邓小平改革开放的伟大决策、习近平总书记的战略思想（一带一路、两个一百年、新常态、生态文明等），以及反腐制度建设与军队改革等。

（3）中国企业的管理思想与华为实践。伴随着改革开放，一大批中国企业成长起来并在国际舞台上崭露头角，比如联想、海尔、华为、腾讯、字节跳动等公司，这些公司的管理思想与管理实践，尤其是在技术落后的情形下如何砥砺前行、不断奋进，创造一个又一个的奇迹，是中国梦的典型代表，这些企业的管理实践与事迹必将鼓舞学生的爱国情怀与热情，也应该是思政教育的内容。

（二）围绕课程教学知识点，细化思政要点

明确了"管理学"课程思政的内容来源之后，下一步就是围绕课程教

学知识点,细化思政要点。本文结合商务学院采用的"管理学"教学大纲,细化设计了"管理学"课程思政要点。相关要点见表1。

表1 "管理学"课程知识点与思政内容要点

管理学章节	主要知识点(或节)	引入的思政内容要点
第1章 管理学概论	管理的定义、内涵及主要职责	《论语》《道德经》中的管理智慧
	管理者的层级及职能时间分配	中国的行政管理层级与主要职责
	管理者的角色	习总书记在新闻事件中的角色
	管理者的技能	习总书记的新名词与金句
	管理的科学 vs 艺术,效率 vs 效益	诸葛亮的人格特质与管理有效性
	管理的社会属性 vs 自然属性	国有企业的特殊性与历史担当
第2章 管理思想史	古代管理思想	"轴心时代"的中国智慧
	英国工业革命与美国铁路建设中的管理运动	工业革命时代的社会主义思潮与工人运动
	古典管理理论	近代民族资本主义的管理实践
	行为管理学派	国有企业的人文关怀
	现代管理理论、当代管理理论变革与创新	张瑞敏的管理思想与海尔的管理创新
第3章 管理环境	一般环境分析	改革开放政策对我国企业一般环境的影响
	任务环境分析	美国将华为纳入"实体清单"背景下,华为手机业务的五力分析
	内部环境分析	优秀企业案例——华为基本法、人力资源政策与实践
第4章 国际环境中的企业管理	企业的国际化经营	优秀企业案例——山东如意的国际化品牌战略
	国际化经营环境的构成与跨文化差异	优秀企业案例——联想收购IBM后的国际化经营
	企业走向国际市场	优秀企业案例——华为的国际化进程及下一步的经营策略

续表

管理学章节	主要知识点（或节）	引入的思政内容要点
第5章 决策	决策的含义、特征与程序	"三重一大"事项的决策程序
	决策的类型与影响因素	邓小平与改革开放的伟大决策
	定量决策方法与定性决策方法	遵义会议的决策过程
第6章 计划	计划的含义、性质、类型及表现形式	十九大报告中的"5W2H"
	计划的方法与技术（甘特图、PERT与滚动计划法）	优秀企业案例——中海油的战略分解与年度计划制定案例
	目标与目标管理法	两个一百年
	战略计划	"一带一路"倡议
第7章 组织	组织的定义、特点、类型、组织职能的过程	十八大以后"领导小组"工作体制
	组织设计的影响因素、步骤、管理幅度与管理层级	三湾改变与组织设计、扁平化组织与大部制改革
	典型的组织形式	我军历史上最大的军改设计思想与事业部制的作战单元
	组织变革	优秀企业案例——腾讯的三次组织变革 优秀企业案例——字节跳动公司的产品裂变
	组织文化建设	优秀企业案例——华为的核心价值观建设与我党的思想政治工作先进经验
第8章 领导	领导的概念、领导的构成要素、领导与领导者、领导工作的意义	周恩来的领导风格
	权力的类型、来源与使用原则	习总书记谈干部的权力与职责
	领导特征理论、领导行为理论与领导情景理论	毛泽东的领导特征与领导艺术

续表

管理学章节	主要知识点（或节）	引入的思政内容要点
第9章 激励与沟通	激励的概念、原理与作用	中国古代的识人、用人实践
	关于人性的假设	中国古代"性善论""性恶论"的讨论
	激励的主要理论与实践	优秀企业案例——海底捞如何点燃员工的服务激情
	沟通的定义、重要性、过程、类型、形式与网络	我党密切联系群众的方式方法
第10章 控制	控制的含义、作用、类型	八项规定与预先控制
	控制的过程与原则	反腐在路上——反腐控制的制度体系建设

三、提高"管理学"课程思政学习效果的三个建议

（一）理论教学与案例教学相结合，建设"管理学"课程思政教学案例库

"管理学"课程思政建设是对教学内容的重新设计，涉及大量的课程资料，尤其是案例资料。为保证课程的教学效果，应该对上述思政内容要点进行分门别类的整理，形成思政教学案例库。在教学案例库的基础上，进行课堂讨论要点设计、翻转课堂设计等。

（二）传统讲授与视频观摩相结合，整理视频教学资料

为提高思政教学效果，在传统讲授授课的基础上，可重点加强视频教学。比如搜集、整理与上述思政内容相关的电影、记录片等，使用专门的编辑软件对相应的电影与纪录片进行编辑，截取出相应的内容，方便课堂教学使用或丰富学生课外阅读。

（三）课堂思政与社会实践相结合，增加课程参观与调研学习

在课程思政建设方面，努力将课堂思政教学与社会实践相结合，在课程正常教学时间参观学习或设计假期调研项目。可以在"管理学"课程上

安排学生的参观学习活动，比如参观知名国企的著名（地标性）建筑、工业遗址，了解这些公司的发展历程及对北京市社会经济发展做出的贡献；参观北京市的相关博物馆或展览馆，通过活生生的文物与展品了解我国近现代的重要历史事件；可以将"管理学"思政内容设计成暑假调研主题，带领学生完成专题调研等。通过课堂理论学习与实践学习相结合，提高课程思政学习效果。

参考文献

[1] 习近平．把思想政治工作贯穿教育教学全过程　开创我国高等教育事业发展新局面［N］．人民日报，2016-12-09（1）．

[2] 高德毅，宗爱东．从思政课程到课程思政：从战略高度构建高校思想政治教育课程体系［J］．中国高等教育，2017（1）：43-46．

[3] 朱漪．高校实施"课程思政"若干问题的思考［J］．牡丹江教育学院学报，2018（2）：38-40，63．

[4] http：//www.gov.cn/xinwen/2018-09/10/content_5320835.htm．

[5] http：//beijing.qianlong.com/2019/0415/3219401.shtml．

国际商务专业学生学术科技素养提升的实践与思考

刘立国[*]

摘　要：为适应国际社会经济发展需要，增强商务竞争力而设立的国际商务专业，在现代教育内涵和人才培养得到不断深刻理解诠释的今天，我们从国际商务专业大学生学术科技素养的培养实践入手，发现问题和不足。从而探索建立专业科学培养体系，完善培养过程，为国际商务专业大学生学术科技素养的提升提出培养策略和建议。

关键词：国际商务；学术科技素养；实践创新

对培养国际商务专业大学生学术科技素养的研究，先来看关于大学生学术科技素养的研究。对培养学术科技素养的研究最早源于对填鸭式应试教育的反思。早在20世纪80年代初，教育部就曾经出台相关注重培养大学生学术科技能力的文件，这可谓对之前应试教育反思的起源。1985年，国家发布的《中共中央关于教育体制改革的决定》中明确指出："在整个教育体制改革过程中，必须牢牢记住改革的根本目的是提高民族素质，多出人才，出好人才。"以上两点基本上可以算作国内关于提升科技素质教育研究的思想源头。1994年，李岚清同志在全国教育工作会议的讲话中指

---

[*] 刘立国，北京联合大学商务学院国际商务专业，副教授，博士。

出:"教育必须从应试教育转到素质教育的轨道上来。"这标志着素质教育上升为一种政府行为,而这也带动了创新素质教育理论与实践研究的兴起。2006年3月23日,教育部和科技部联合发布了《关于进一步加强地方高等学校科技创新工作的若干意见》,为提高地方应用型高校科技创新能力和人才培养质量指明了方向。

一、现状与问题

1. 学术科技知识薄弱

国际商务专业学生对基本的学术科技知识的掌握程度:通过对国际商务专业大学生的问卷及调研结果显示:国际商务专业大学生对常识性学术科技知识比较理解,对专业性学术科技知识掌握有限,比较陌生。同时,国际商务专业大学生对学术科技理论基本观点的理解程度不同,对普及的科技基本观点理解程度较高,然而,对专业性的学术科技理论观点理解程度偏低。国际商务专业大学生知识结构偏向社会科学,由于学科的特点,缺乏逻辑知识结构支撑也是一个重要的影响因素。

2. 学术科技能力不足

国际商务专业学生对学术科技方法和过程的掌握程度:国际商务专业大学生对于学术研究和科学实验的方法理解掌握存在不同程度的差别,只有很少一部分学生愿意主动参与研究。学生日常学习生活中使用学术思维、科技方法的比例并不高,即使掌握了有关知识,也仍然无法科学运用于实践。国际商务专业学生对获取学术科技锻炼的渠道虽然比较多样化和多元化,但是渠道有待拓宽和深入。同时,国际商务专业学生对学术科技活动的参与度并不高,导致学生的学术科技能力培养锻炼不足。学生运用现代信息技术手段进行学术科技活动的能力有限,对学术科研能力培养的实现产生不良后果。

3. 学术科技思维缺乏

国际商务专业学生对学术科技思维和观念的形成情况:大学生学术科技思维是其对学术科技活动的总体看法,对于学术科技的思维和观念理解掌握存在不同程度的差别，学生日常学习生活中主动使用学术科技思维去解决问题的比例偏低。自从有了学术科技活动，就有了对学术科技思维和观念的强调。受传统的填鸭式知识传授教育的影响，长时间形成被动的接受理解习惯，阻碍了学生学术科技思维和观念的培养与形成。

二、实践与创新

1. 培养学术思维与科研方法

国际商务专业学生的学术科技科研方法训练，应该分为普通必选项和特色选修项。普通必选项是针对所有大学生群体或绝大多数本科生，开展普及性、认知性的学术科研方法尝试；特色选修项训练是针对有学术科技深入研究兴趣和潜能的大学生，满足这类有特殊需求的大学生，开展专业性较强的相关学术科技科研方法训练。学术科技能力培养首先要以科研道德培养为基础，学术道德规范训练是必不可少的。对于国际商务专业，也会因为师资力量薄弱、科研经费匮乏、学生素养差异等条件限制，导致本科生学术科技素养培养存在很大障碍，所以在保证绝大多数大学生基本必修培养的同时，鼓励更多教师开设该类选修课程，鼓励有志于从事学术科研活动的学生自主参与选修。开设本科生科研方法训练实践课程的根本目标是提高全体本科生的学术探索意识、科研素养和自主学习能力。本科生人才培养过程是学术科技素养的启蒙和基础阶段，夯实基础很重要，不能急功近利。

2. 形成理论—实践—理论的闭环

国际商务专业有其学科特点和教学规律，学术科技能力的培养分布在四年教育培养全过程。根据学科特点和教学规律合理安排公共基础课程、专业大类平台课程、专业深入研究课程、专业实践拓展课程等层层深入。课程的培养是基础，需要去实践、检验。在实际人才培养过程中，贯彻课、证、赛相互融通，理论的学习可以让学生认识事物，发现问题，通过参加行业资格培训、证书考试、参赛实践等环节形成培养学术科技一条龙。大学生挑战杯、企业模拟谈判大赛、创新创业大赛等从不同专业、不同角度锻炼学生的学术科技能力，通过理论应用于实践，以不同的方式方法对理论进行验证与创新，以不同的思维方式锻炼学生的能力再转化。从课堂知识的接收掌握，到第二课堂的实践应用理解，再到最终的尝试创新，形成知识到能力的闭环升级。

3. 助力学专科学融合

学生思想政治的教育应该与专业知识创新做到高度的融合。学生的成长成才，既需要专业知识的教育，专业技能的培养，更需要积极向上的钻研态度和正确的政治方向引领。在学术科技素养培养过程中，知识转化成能力，知识转化成做人做事的素养。教学工作、学生教育与创新教育的有机融合，以不同的途径方式实现学专融合的学术科技能力。对学生实施多元的评价指标，帮助学生形成科学的学习目标、发展方向。实施多元的评价方式，便于发现每一名学生不同方面的兴趣爱好和学术科技潜能，有利于对学生的学习产生一种激励、发掘的作用。评价学生的学术科技素质应该是综合的、多元的，不能以片面条件评判，努力促进学生深层次的、健全的学术科技能力发展，强调学生的个性学术发展，不同类型的学生应该有不同的成就目标定向，从而强化学生的成就体验，进而可以有效地培养各类型学生的综合创新能力和学术科技素养。

三、思考与建议

1. 注重兴趣，提高主动性

国际商务专业学生的特点就是理论深入研究能力较弱，但应用实践能力较强。在人才培养、教育教学过程中，应重视学生的主体自觉性，着力提高学生学术科技素质提升的自我期望，将学校教育、生活养成与自我教育紧密结合起来。大学生作为学术科技素质提升的主体，充分发挥其自觉性，既是推动教育改革创新的必然选择，也是培养创新型人才的必然要求。从对国际商务专业学生学术科技素质影响因素的研究中，我们发现学生主观因素在国际商务专业学生学术科技素质提升的影响因素中占据了重要地位。发现个人兴趣，注重兴趣培养，需要在学习生活中唤醒学生的主体自觉性，提升自身能动，才能形成内外合力，进一步强化学术科技素养培养的实效性。

2. 夯实专业，提升技能

如果说发现兴趣、提高主观能动性是前提，那么进行专业培养、提升技能就是学术科技素养培养的核心。建立完善的学术科技素养培养保障体系，提供系统科学的专业训练是一项较为复杂的系统工程。从国际商务专业的专业特点出发，把握学科研究规律，在培养方案、课程设计上突出专业特点特色，循序渐进地进行系统培养。大学生学术科技素质的培养是科教兴国、因材施教的战略需求，也是创新人才培养的迫切需要。全面提升大学生植根于专业培养的学术科技素养是未来教育教学改革和人才培养的必然。

3. 贯通文理，孕育创新

提升学术科技素养，特别是提升国际商务专业大学生的学术科技素质，教育培养理念必须要创新。无论从我国历史的纵向来看，还是在世界范围的横向比较，凡是各个时期的各行业领军人才，无一例外均进行过多个学科的学习和研究。文理贯通是培养学术科技素质的一个重要因素，可以从知识和方法上提供更多的支撑，大大提升创新的空间。从教育理念出发，改革培养模式，尝试更多的教育教学方法；从大学生个人主观能动性、知识结构储备、创新学术环境等方面全方位地准备，实现专业理论学习与生活实践的高度融合，服务于国际商务专业学生学术科技素质的培养和创新。对于我国高等教育领域来讲，今天正处在从建设高等教育大国向建设高等教育强国迈进的道路上，对于培养国际商务专业学生学术科技素质来讲，我们正在经历由培养知识理解型人才向培养创新型学术科技人才转变的过程，只有不断地尝试和创新才能实现教育改革历史性的突破，实现现代教育和人才培养的大发展。

参考文献

[1] 杨依. 应用型本科国际商务专业人才培养模式研究 [J]. 现代经济信息, 2018 (17).

[2] 胡心宇. 中美高校国际商务本科专业人才培养比较研究 [J]. 科技创业月刊,

2017（24）．

[3] 刘立国，唐少清，秦立栓．对大学生创新创业教育的思考与建议［J］．中国高校科技，2016（5）．

[4] 张丽莉．基于职业能力的国际商务专业实践教学模式探讨［J］．现代经济信息，2017（15）．

[5] 王潇．大学生学术素养和创新能力培养的研究与实践［J］．现代交际，2017（18）．

互联网教育对大学教学的影响及管理策略研究

王崇桃[*]

摘　要：随着信息技术的不断发展，互联网教育借助在线平台跨越时空，促进了优质教育资源的广泛传播，扩大了全世界学习者接受教育的机会，填补了高校、地区甚至国家间的知识鸿沟，成为高校教育的重要战略组成部分，迅速在全球高校中流行起来。在线教育打破了学校围墙，免费对外开放优质教育资源，受到人们的青睐，这也给大学教学带来巨大的影响。本文对互联网在线课程的发展过程进行了梳理，发现了我国高校在线教育存在的问题，并分析了互联网开放式教育对传统大学教学及对大学生学习的影响，针对目前的状况提出了互联网条件下大学教学管理的策略。

关键词：互联网教育；课堂教学；管理策略

引　言

在我国经济高速发展的推动下，科学技术水平也有了显著的提升，互联网开始朝着新形态方向发展，也就是"互联网+"，而将互联网的发展与教育结合在一起，"互联网+教育"也已成为发展的趋势。过去几年当

---

[*] 王崇桃，北京联合大学商务学院国际商务专业，讲师，博士。

中,大规模在线开放课程给世界高等教育带来了巨大的冲击,数字化海啸般引发教育风暴,被称为"印刷术发明以来教育最大的革新"。国外以 Udacity、Coursera、edX 等教学机构为代表,国内以爱课程为代表的大规模开放在线课程席卷国内外高校,慕课、微课、翻转课堂等课堂模式在政府、企业、高校、教师、学生等多方面的参与推动下,网络教学在高校教育呈现一种"井喷"式的发展态势,一个在线课程的注册学习者常常达到数千乃至数十万,包括各行各业各个年龄段的人员。不仅如此,更多的高校教师参与到网络教学之中,引导学生在线学习。互联网时代学习多样化,高校中慕课、微课、翻转课堂都对传统学习和学生培养方式提出了挑战。如何改善目前高校中的教学管理策略,从而提高大学生利用互联网学习的能力,提高学生的学习效率也是迫在眉睫。

一、美国互联网在线课程的发展过程

美国在线教育启动较早,它的起步获益于计算机技术在美国的发源和发展,基本分为四个时期。

1. 起步期(1960—1974 年)

从 20 世纪 60 年代初到 70 年代中期,这一时期美国的在线教育处于萌芽与缓慢发展阶段。起步期"大部分在线教育主要是信息的传递,改变以往远程教育的学习资料传递方式[1]"。

2. 发展期(1975—2000 年)

从 20 世纪 70 年代中期到 20 世纪 90 年代末,此时期美国的在线教育处于蓬勃发展阶段。1975 年,个人微型计算机的出现和快速发展,推动了在线教育的迅猛发展。模拟技术、多媒体技术以及虚拟技术的涌入,使得在线教育备受重视。各类教育课件、教育软件应运而生,并被运用到人才培训中。这一时期在线教育的主要特点是"各自为阵,自产自销,教育资源通常零散无序[2]"。1976 年,美国凤凰城大学(The University of Phoenix)成立,它是这一时期在线教育的典型例子。

3. 成熟期(2001—2011 年)

早期,许多自身具备实力的高等院校自主开发在线教育软件和在线教育系统。随着企业和投资商的介入，以及各类在线教育资源的不断扩展和需求的不断攀升，再次出现供不应求状态。许多院校开始与投资公司合作，共同开发和维护在线教育体系。20世纪90年代末期出现了一批专门开发"学习管理系统"的在线教育企业，很多高校通过使用"学习管理系统"来管理本校教育资源，并且开设了在线教育学位课程；同时大量企业开始引入在线教育，借此为员工培训。成熟期期间，美国在线教育领域合作模式开始广泛开展，各高校开始与企业合作办学，在线教育被应用到各个领域并快速发展。比较典型的代表是培生集团（Pearson），它占据了世界高等教育领域最大的市场份额，成为举世领先的教育集团。

4. 飞跃期（2012年以后）

2012年，慕课快速兴起。美国相继推出edX、Coursera、Udacity在线平台，许多著名大学如哈佛大学、麻省理工学院、斯坦福大学、普林斯顿大学等都开始提供免费在线课程，使得美国高校在线教育出现爆炸式扩增。在线技术作为课程内容的一部分，不仅存在于课堂教学活动之中，更贯穿课程的始终。在此时期，在线教育的关键因素是课程，这使得优质教育资源得以再次被整合和推广。[3]

周晓华通过对美国高校开放在线课程的发展过程研究认为：伴随着互联网的发展，世界走向开放。互联网作为一种传播媒介对教学产生着重要影响。美国高校积极运用互联网将本校课程向世界开放，取得了引人注目的成果。美国高校开放在线课程的发展过程分为两个阶段：提供课程资源阶段（2002—2010年）和实施课程教学阶段（2011年至今）。

在提供课程资源阶段，重在提供资源，以开放课件（Open Course Ware，OCW）为主要形式。美国高校在麻省理工学院OCW项目的示范和带领下，将本校课程的课件向公众开放，OCW建设流程包含登记、计划、构建、发布和支持环节，注重课件的更新；课件的使用者包含自学者、学生、教师；课程设计基本照搬传统课程设计，课程内容比较全面，课程实施和课程评价环节比较薄弱。

在实施课程教学阶段，重在实施教学，以大规模开放在线课程慕课为主要形式。2011年斯坦福大学提供的开放在线课程引起轰动，随后越来越多的高校加入提供开放在线课程的阵营；课程所涉学科从计算机科学、电气工程等为主的理工类学科逐渐扩展到其他文科类学科；开放在线课程的建设逐步受到高校内管理层的关注，由个体教师的行为带动了学校层面的举动；开放在线课程的重点转向课程实施和教学效果。

实施课程教学阶段相对于提供课程资源阶段，最大的发展体现在关注和实现课程对教学的促进，使开放在线课程从静态的资源呈现转变为动态的教学过程，体现了课程的真正价值，便于实现更深程度的开放，同时揭示了未来高校开放在线课程的发展方向。[4]

移动学习（Mobile Learning）是从2000年美国加州大学伯克利分校的人机交互研究室启动"Mobile Education"项目兴起的，它是一种在移动设备帮助下的能够在任何时间、任何地点发生的移动互联网学习。移动互联网学习是利用移动互联技术，将诸如个性化、多媒体、情境智能、触觉交互、移动设备等新技术融入教育与培训领域，它区别于一般给予优先网络与固定桌面计算机的网络学习和数字化学习。移动学习所使用的移动终端设备必须能够有效地呈现学习内容，并且提供教师与学习者之间的双向交流，电脑等电子设备是必需的硬件设施。[5]这为学习者提供了更为便捷的学习方式。

二、我国高校在线教育存在的问题

1. 高校在线平台建设落后

我国高校在线教育起步较晚，发展缓慢，在线平台绝大多数是应用国外技术，如清华大学的"学堂在线"平台就是基于edX开源代码研发的。国内高校自主研制、开发的在线教育平台应用范围一般较窄，技术较国外逊色。美国作为科技强国，拥有先进的技术手段，著名的Udacity、Coursera、edX均由美国高校发起。美国高校在线平台不仅种类多，而且在线平台为学习者提供了强大的学习服务支持，包括课程简介、授课教师、课程类型、参考资料、授课形式、常见问题、相关课程等信息。美国在线平台还加入了很多师生互动功能，如Udacity拥有自己的学习管理系统，内置论坛和主交元素等。[6]

2. 知识产权管理体系薄弱

在线教育提倡开放共享教育资源，无疑受到广大学习者的热烈欢迎，但同时也会产生与知识产权保护之间的矛盾。我国对于精品课程使用者权限没有具体而明确的规定，没有明文规定课程不能用于商业用途。许多高校尚未设置知识产权管理专员，对于已设置知识产权管理专员的高校，也存在着管理部门单一、管理制度薄弱等问题。美国1790年就建立了知识产权制度，经历了200多年的发展逐渐成熟、完善。美国高校设有专门的技术许可办公室（Technology Licensing Office），专门负责教师们的成果申报、专利申请，保障教师们的知识产权。

3. 缺乏在线教育认证专管机构，在线学位授予权力有限

在线教育认证是保证高校在线教育质量，维护学习者权益的关键。我国尚未设有专门的在线认证机构。从满足于个体自发性学习资源转向个体自觉性学习的资源，在线学习结果将面临着考核的问题，学分认可成为难题。在我国，高校开展在线教育正处于起步阶段，多元化教育质量观的背景下，很难成立统一的认证机构，制订在线教育的一系列标准。高校绝大多数是由国家政府办学，高校教育质量评估也都是国家行政部门统一执行。美国则是由独立的在线认证机构负责管理，包括区域性认证机构、国家性认证机构、专业性认证机构。[6]

三、互联网开放式教育对传统大学教学的影响

作为一种知识生产和知识传播行为，传统的高校课堂授课所遵循的基本理念和模式，都依赖于现有教育学和教育心理学的理论基础。在这种模式下，师生角色长期以来是相对固化的，教师和学生的互动形态也高度框架化。在互联网技术对青年学生渗透日深，学生信息捕捉能力和反应能力甚至优于教师的情况下，这种传统的课堂教学形态显然不能适应今天高等教育的实际需要。

事实上，高等教育的社会属性、科学属性和管理属性都面临着调整的需要。[7]瞿旭晨通过对慕课兴起与流行的因素的研究认为：现代大学教育

的普及和大众化媒体的发展，在全社会层面大规模推动了教育的开放性趋势，而互联网技术的成熟和广泛应用，则将这种趋势变成不可阻挡的历史潮流。[9]

具体来说，以慕课为典型的依托于互联网的开放式教育对传统高校课堂授课会产生诸多方面的影响。

（1）互联网的开放式教育"以学生为中心"的课程设计是对现有的高校课程设计的巨大挑战。目前国内大多数高校的基础课程乃至专业核心课程的课程设计有明显的规范要求，其好处在于教育主管部门和学生比较容易进行横向评估，但是这种"一体化"并极为详细的课程设计规范在某种程度上也制约了教师在授课时主动性的发挥。互联网的开放式教育无论在内容上还是在形式上，都可以根据每一个专业、每一门课程的各自特性来做相应的设计，这不仅赋予学生学习方面的巨大灵活性，也凸显了课程设计的个性化特征。[9]

（2）互联网的开放式教育课程对技术的深度使用反衬出现有高校课堂教学形式的单一。尽管高校课堂已经开始摈弃"一块黑板一支粉笔"的单一形态，受限于硬件普及和教师使用主动性不足等因素，相当多的高校教师在实际的教学工作中仍然呈现出较为古板的模式。而随着"85后"乃至"90后"的新一代"数字居民"型学生进入高校，他们对于新型技术形态有着天然的偏好和熟悉。著名学习软件设计家马克·普林斯基（Marc Prensky）于2001年提出了"数字原生代"和"数字移民"的概念，以体现当代人与其前人在数字化技术方面的巨大差异。[8]某种程度上，相当多的高校教师都属于"数字移民"，而学生则都是"数字原生代"。因此，课堂教学形式往往成为学生评价教师授课效果时最重要的考量，也在实际教学中成为教师和学生争议的焦点。

（3）互联网的开放式教育的分布式形态建构了独特的以兴趣为中心的全球型学习社区，这也是对传统高等教育"学分式"学习的逆反。由于传统高等教育以学校为基本单位来分别组织，因此，学生对教师的选择和教师对学生的选择都局限在相对较为固定的一个较小的基数上来开展，这样做的实际影响就是造成大量学生上课奔着"学分"去，而不是追求教育自身的目的。而互联网的开放式教育却彻底颠覆了以学校为基础的课程组织，来自全球各地的学生在围绕兴趣选修相同课程的同时，他们还可以借助各种形式的社交网络工具来达成相互之间的连接与沟通，从而有可能达到较为理想的教学效果。

（4）王文礼在《MOOC的发展及其对高等教育的影响》一文中提出，目前高校会陷入如下困境中：形成"强校愈强、弱校愈弱"的局面，慕课的教学质量堪忧，教学评价的正确性受到质疑等。[10]李立勋在《MOOC是否会冲击传统高等教育》一文中认为，慕课对高等教育的冲击表现在对教师的冲击、对网络学历教育的冲击、对教育体制及观念的冲击等方面。[11]闫文军认为高校在互联网教育的浪潮下将面临诸多困境：大学的教育领导地位将有所动摇，进而高校教师的地位也会受到质疑，教学方法也需不断转变，大学的教学体系也将发生变化。[12]可见在"互联网+"的大潮下，教育这个千年未曾彻底变革的行业，将面临由外到内的彻底的而且是被动无奈的变革。我们也应该看到，"互联网+"虽然带来了挑战，但也是我国高等教育转型实现弯道超车的良好契机。

四、互联网开放式教育对大学生学习的影响

随着信息技术的迅速发展，多媒体和互联网络逐渐成为当今社会的两大支柱，为学习提供了良好的网络基础功能。大学生有充分的空闲时间、上网的条件以及能力来进行互联网开放式学习，但目前大学生在互联网学习方面仍存在许多问题。

1. 互联网课程学生持续学习率偏低，学生必须有较强的自律能力

教师对互联网教育认同度偏低，企事业单位对互联网教育学历缺乏认可。"互联网+"时代高等教育呈现高速发展的态势，"互联网+"将促进高等教育的升级进化，但终将回归到高等教育整体发展的轨道上来。[13]

2. 学习者和资源提供者对于移动互联学习的认识较为浅薄

没有认识到移动学习不仅仅是学习工具上的改变，而是一种学习模式和思维的变革。学习者和资源提供者都没有对移动学习给予足够的重视。提供者提供的电子资料很多都是收费的，这就更加限制了学生对于移动学

习的渴望。

3. 资源繁多，但没有针对性

互联网开放式教育学习资源虽然非常多，但是绝大多数学习资源都没有经过设计，网络中搜索的内容非常多，并不等于学习资源丰富。由于资料统计没有统一的标准，造成学习者不知应选择哪一个学习资料，或者选择了进去学习时却发现内容并非自己所需求的，很容易使学习者产生厌烦心理，对学习产生不利影响。

4. 无目的性

当前移动互联的学生学习大多属于无目的的学习，打发时间成为大学生使用移动设备的主要原因之一。很多大学生在等车、等人等无聊的时间才会娱乐性地进行移动学习。因此这种学习方式也具有被动性，且多为应付考试性的学习。有将近四分之一的学生会将与即将考试内容有关的视频、音频放在移动设备中。[14]

五、互联网条件下大学管理策略

（一）学习过程指导策略

在学习过程指导过程中应明确教师定位，优化教师素养及与网络教学环境的契合度，具体可以从以下几个方面着手。

1. 教师准确定位

在互联网时代，网络教学是大势所趋，每位教师应当与时俱进，清楚认识，并且加强学习，灵活运用教学理论和相关新理论，不断深化和学习网络知识、操作技能及多媒体教学技能，更好地将理论和网络教学相结合。而在实践教学中，教师要创建人性化教育学习环境，为学习者营造轻松和谐、师生融洽的教学学习氛围，让教师成为学生信赖可靠的学习伙伴。教师可以因材施教，根据学习者的风格特点，实行分组学习，挖掘学生互帮互助、团体配合的能力，完成学习周期任务。

2. 优化教师教学素养

大学教师是教学的实施者，教师的言行举止直接影响着学生的学习，因此有必要提升教师的教学素养。一方面，对教师本人而言，高校教师需严格控制教学质量来提升优化其自身的教学素养；另一方面，在考核教师业绩时，既要有质的指标，也需要有量的指标。鼓励教师在完成课本理论知识传授过程中，补充课外新教学内容，丰富学生的可学知识。也可将更多的科研成果引入课堂中，融入自身的教学，做到科研与教学并重。

3. 发挥教师的指导作用，增加师生沟通频率

学生在网络学习过程中，教师需要提供两方面的帮助：学习知识和心理知识。第一，教师应该引导学生设定目标并制订学习计划。第二，教师应指导学生选择合理的学习策略和资源应用管理策略。第三，教师应当引导学生做好网络学习的自我管理。第四，教师在学生遇到困难时，应提供必要的学习指导和心理辅导。在网络教学中，教师要积极参与到平台互动中，除了学生遇到专业上的问题需及时主动找教师帮忙外，教师也要主动参与到网络自主学习中。在交流中，学生可以学习到一些自主学习能力：如何获取网络学习资源，如何运用学习工具，如何制订学习计划。学生在遇到问题时与教师沟通交流，不仅可以加强师生关系，而且可以提高学生的学习效率。

（二）学习资源获取策略

1. 优化大学生自主学习习惯，提高自主学习能力

学习者掌握终端设备使用技术的终极目的并非是完成既定的课堂教学任务，而是形成一种随时随地获取资源的习惯。与传统教学相对应的线性学习已经不适应现代社会对人才的需求，学习就其本质来说是复杂的、非线性的，移动学习要求学习者通过移动互联技术的超文本的结构"超链式"地获取学习资源。学生一般不容易接受和习惯于这种"超链式"的资源获取方式，特别是在移动学习领域初来乍到的学习者中有很大一部分人面对琳琅满目的学习资源束手无策，面对新奇的数字化世界找不到入口和兴趣点，面对大数据时代的磁场想要跳入又无能为力，这一切都对教学策

略提出了有关学习资源获取方面的要求。

2. 引导大学生树立正确的学习动机

学习动机是直接推动学习者达到其学习目标的内在驱动力。无论在什么时候都要不忘初心，要热情饱满地去学习；教师和学校也要帮助大学生，引导大学生树立正确的学习理念，树立正确的人生、价值、学习观念。总而言之，大学生只有树立正确的学习动机，知道为什么学习，才能为后期自主学习过程中拥有一个比较满意的结果而打下良好的基础。

3. 引导大学生明确其学习目标

学习目标在学习活动中的作用是显而易见的。在学校里，学习活动一般都是以目标为导向的。就教师而言，目标教学能够让教师明确其教学目标，并明确知道学生能够学到什么。学习者预期所达到的标准就是学习目标，其承接着指导、促进和协调中的作用，可以为学习者在迷茫混乱的学习中提供指导，调动他们的积极性。大学生在网络环境下自主学习是必要的。基于学习者的知识基础、知识背景、知识相关性、教师对学生的要求和学生对知识的要求，有必要建立学习目标。只有明确了学习目标，大学生才能在自主学习过程中掌握主体地位，以学习知识的兴趣开展学习活动。

4. 引导大学生合理选取学习资源

大学生在网络自主学习过程中，对网络资源的选取完全掌握在学习者自身上。为了让学习者能够找到适合其自身的学习资源，一方面教师需要提供与课程相匹配的学习资源，根据数字学习资源提供课件、多媒体素材、案例、文献资料及学习工具。另一方面，学习者要明确自己学习中所需的资料，掌握资源索引能力。需从资源的海洋中，通过各种网络搜索平台或专业检索平台，找到有利于自己学习的学习资源或是自己感兴趣的资源，助力掌握新知识。

5. 引导大学生建立完善的自我评价体系

可量化的、适合自身学习的自主学习计划是自我评价的前提。建立良好的计划和有组织性的学习是建立良好的自我学习评价体系的基础。学习评价包含学习过程评价和学习结果评价。高校大学生可以对自己的学习过程进行阶段性的量化评分，并根据评分结果对每个过程进行整改优化。大学生在进行学习结果评价时，可以根据所评定的结果给予自己有效的奖励或是惩罚，激励自己取得更好的学习结果。

（三）互联网教育及移动设备教学辅助策略

当互联网教育及移动设备作为教学的辅助工具时，它与无目的的、纯粹以兴趣为导向的移动学习有了显著的区分。作为课堂教学的辅助和补充的移动学习始终指向任务的完成和目标的实现，虽然学习的具体过程是由学生自己掌控的，但是教师对于移动学习的目标、内容及任务始终有一个清晰的认知。移动学习是一种"非固定"状态的、注入了学习行为发生的内部动因的学习。学习者在认知内驱力（Cognitive D rive）的驱动下，在完全轻松、自由的心理状态下发生的，学习者拥有了自由控制学习行为起始的权力，因此与传统的学习方式相比移动学习是一个完全以个性化趣味、习惯、偏好为导向的学习过程。[14]

六、结　论

互联网学习是一种新型的学习方式，在未来网络移动通信设备与技术快速发展的形势下，移动互联网学习的地位和作用也会变得越来越重要，移动互联网学习也会更加普及。加大对移动互联网学习的研究、宣传与普及对于提高大学的教学管理、教学质量，提升大学生的学习成绩都很有意义。

参考文献

[1] 吕森林，邵银娟，等．中国在线教育产业蓝皮书（2014—2015版）[M]．北京：北京大学出版社，2015：27．

[2] 吕森林，邵银娟，等．中国在线教育产业蓝皮书（2014—2015版）[M]．北京：北京大学出版社，2015：28．

[3] 王威．美国高校在线教育发展研究[D]．大连：辽宁师范大学，2016．

[4] 周晓华．美国高校开放在线课程的发展过程研究[D]．广州：华南理工大学，2013．

[5] 薛恒威. 基于4G移动学习的研究及系统设计 [J]. 电子技术与软件工程, 2015 (3).

[6] 刘硕. 移动互联网背景下的国内外高等教育教学改革发展趋势研究 [J]. 亚太教育, 2016 (27): 28-30.

[7] 老松杨, 江小平, 老明瑞. 后IT时代MOOC对高等教育的影响 [J]. 高等教育研究学报, 2013, 36 (3).

[8] 黎静. 在线教育来潮: 教师的困境与出路 [J]. 高教探索, 2013 (5).

[9] 瞿旭晨. 大规模开放在线课程对国内高校课堂教学的影响与对策 [J]. 长春教育学院学报, 2014, 30 (2): 105-106.

[10] 王文礼. MOOC的发展及其对高等教育的影响 [J]. 江苏高教, 2013 (2).

[11] 李立勋. MOOC是否会冲击传统高等教育 [N]. 北京商报, 2013-10-29.

[12] 闫文军. MOOC与大学的理性应对 [J]. 重庆高教研究, 2014 (1).

[13] 朱永海, 等. 高等教育借助在线发展已成不可逆转的趋势——美国在线教育11年系列报告的综合分析及启示 [J]. 清华大学教育研究, 2014 (8).

[14] 蔡宝来, 杨伊. 基于移动学习的课堂有效教学策略研究 [J]. 教育科学研究, 2015 (9): 42-47.

国际人力资源管理课内实验项目设计

——基于 OBE 教育理念的探究

刘晓敏[*]

摘　要：国际人力资源管理是一门实践性和应用性较强的课程，本文基于成果导向教育（OBE）理念，通过不同类型课内实验项目设计，尝试从时间和资源上保障每个学生都有达成学习成果的机会。将传统封闭式课堂在固定的地方、固定的时间内完成固定的教学内容，逐步转向开放式课堂模式，实现时间、空间和内容上的开放。有助于教师更加灵活地引导和考核学生的学习态度和成效。通过一系列与理论内容直接相关的实验项目，带动学生加深理解国际人力资源管理的各个模块之间的关系，切实做到理论与实践相结合，引导、协助学生达成预期成果，进而有助于增强学生的人力资源管理实践能力以及解决人力资源管理问题的能力。

关键词：国际人力资源管理；课内实验；成果导向

一、OBE 教育理念与国际人力资源管理课程

国际人力资源管理课程是国际商务专业的一门限选课程。该课程系统地介绍全球化趋势下国际人力资源管理的发展规律与相关模式，教学的主

---

[*] 刘晓敏，北京联合大学商务学院国际商务专业，讲师，博士。

要目标是帮助学生掌握跨文化背景下国际人力资源管理理论及实务活动中的基本概念术语、理论内容及方法，更深入地了解、熟悉现实中的国际化组织中的人力资源管理，从而有助于增强学生在国际化环境中的职业规范化意识，培养学生基于跨文化背景的同理心，提升学生胜任跨国企事业机构管理工作的基本素质和管理技能。

成果导向教育（Outcome Based Education，OBE）是一种以学生的学习成果（Learning Outcomes）为导向的教育理念，认为教学设计和教学实施的目标是学生通过教育过程最后所取得的学习成果。这一理念强调根据每个学生个体差异，制定个性化的评定等级，并适时进行评定，从而准确掌握学生的学习状态，对教学进行及时修正。强调以学生为中心，教师应该善用示范、诊断、评价、反馈以及建设性介入等策略，来引导、协助学生达成预期成果。强调课程设计与教学要清楚地聚焦在学生在完成学习过程后能达成的最终学习成果，并让学生将他们的学习目标聚焦在这些学习成果上。

作为培养高素质、应用型人才的城市型大学，为了适应成果导向教育的要求，需要通过教学改革和研究设计尽快实现如下5个转变：从灌输课堂向对话课堂转变、从封闭课堂向开放课堂转变、从知识课堂向能力课堂转变、从重学轻思向学思结合转变、从重教轻学向教主于学转变。

国际人力资源管理是一门实践性和应用性较强的课程，涉及较多管理技术在实践中的运用。但目前该课程只在学生第四学年进行专业综合实践时有相应单元相配套的正式实践环节，目前的实践内容只能分散穿插于课程讲授中，规模相对较小，学习效果难以得到完全保证。

按照最新版的AoL课程体系构建要求，可以有更多固定的课内实验学时保证本课程实践项目的进行。OBE的实施原则之一是以最终目标（最终学习成果或顶峰成果）为起点，反向进行课程设计，开展教学活动。因此本文将通过不同类型课内实验项目设计，尝试从时间和资源上保障每个学生都有达成学习成果的机会。将传统封闭式课堂在固定的地方、固定的时间内完成固定的教学内容，逐步转向开放式课堂模式，实现时间、空间和内容上的开放。时间上从课内向课外延伸，空间上从教室向图书馆和实验室、社会拓展，内容上从教材向参考资料、访谈调研资料、电影视频资料等扩充。从而有助于提高学生的学习能力、思维能力、实践能力和专业能力，也方便教师更加灵活地考核学生的学习态度和成效，提升学生学习获得感和满意度。

二、课内实验的设计思路和实验类型

（一）设计思路

（1）和课堂教学内容密切配合，边学边练。参照教学大纲将课程学习内容划分为多个模块，分解重点、难点内容，即教学大纲确定每章节关键知识点的教学学时后，将课内外学时根据教学目的分配到课堂教学、实验项目操作、结果反馈讨论等环节。

（2）在整个教学过程中，始终遵循"成果导向+行动学习"教学理念，以学生为中心，以教学目标为导向，突出学生的主体地位，采用"任务驱动、问题导向学习、小组讨论学习、分组合作学习、实验实训操作"等教学方式，启发学生的创新思维，培养学生发现问题和解决问题的能力，鼓励发展学生个性化视角和见解，从解决有固定答案问题的能力拓展到解决开放问题的能力。进一步强化实践教学环节，突出综合性、自主创新性。

（3）将课堂教学和课外学生自学、平时作业密切相联，学生的部分实验项目需要在课外自行完成或团队合作完成，课堂汇报成果并进行交流讨论。通过多种形式营造学生弹性、多元、自主与负责的学习情景，激发学生学习的积极性、主动性和创造性。

（4）借助学院实验室和可搬动桌椅的多媒体教室完成项目主体任务。在室外操场进行两次团队合作拓展游戏，作为补充形式的开放性场地教学。

（5）每章节的实验项目主要采取以下步骤完成。

第一，教师讲授演示相关知识点和关键点；第二，布置实验项目，指导学生通过实验项目巩固知识点、理解知识并应用知识解决实际问题；第三，学生参与或演示实验项目，或上交实验项目报告及结果，课堂展开讨论和总结评价；第四，学生进行实验结果的改进、反思回顾、自我评价和小组内外相互评价。在每个单元模块实验项目执行过程中，教师指导学生对本单元进行预习、学习、实践与总结，同时还要对每个学生进行评量，最终存入教学档案。

（二）实验类型和基本要求

（1）演示性实验：是一种课堂直观教学，属于课堂教学的组成部分，用于提高课堂教学效果，培养学生的观察和理解能力，加强学生对现实管理环境和国际人力资源管理者管理角色的体会和感受，提升学生对理论知识的领悟。要求学生在课堂演示过程中认真观察、记录，在演示后展开讨论并汇报发言。

（2）验证性实验：是学生根据课程章节学习目标要求，在教师的指导下，按照既定的条件，完成全部实验过程，以验证课堂教学的理论，深化理论学习，培养学生的基本实验能力，使学生增强动手能力，获得感性认识。

（3）设计性实验：由教师拟定具体实验题目和实验条件，要求学生根据所学内容，设计确定实验方案，选择实验方法和步骤，独立或合作完成实验，写出实验报告或提交设计结果。

（4）研究性实验：是学生进行与课程章节知识相关的课题训练时，在教师的指导下，明确研究题目的任务与目标，进行综合研究，调查分析与探索，以培养学生的研究能力。要求学生明确任务分工，充分进行实地调研访谈，合作完成并提交研究报告。

（5）综合性实验：是指实验项目涉及人力资源管理课程的综合知识或与该课程相关的管理学、管理沟通等课程知识的实验，要求学生分工合作，撰写并提交实验方案报告，进行演示交流。综合性实验是一种复合实验，着重培养学生的分析判断能力、动手能力、资料查阅能力、数据处理能力、口头和书面沟通能力等综合能力。

三、实验项目内容和方案设计

国际人力资源管理课程主要体系包括国际人力资源管理的模式选择、跨文化管理、国际人力资源战略规划与招聘、培训与开发、绩效考核与管理、薪酬管理激励、职业生涯管理、国际人力资源劳动关系管理等内容模块。每个模块的教学初始，建议都为学生提供一个与该单元相关的简短案例，引导学生们进入跨文化管理情境之中。结合学生的特点，由学生容易理解、感受到的实际管理现象着手，从而更好地激发学生的学习兴趣，也有利于教学内容的导入。在课堂上积极利用演示性实验、设计性实验、研究性实验和综合性实验等实验方式，通过角色扮演、体验式游戏、案例讨论、观看相关电影片段及小视频、个人演讲展示等多种形式，调动学生的学习热情，增强学生的参与意识。为课程框架内注入丰富新颖的教学内容与方法，使学生身临其境，将理论与实际高度结合、学生自身认知与模拟情境高度融合。每个教学单元环环相扣，通过一系列与理论内容直接相关的实验活动，带动学生加深理解国际人力资源管理的各个模块之间的关系，切实做到理论与实践相结合。实验中通过进行师生之间及学生之间的互动交流讨论，加强学生的人力资源管理实践能力以及解决人力资源管理问题的能力。课内实验项目具体内容见表1。

表1 课内实验项目具体内容

序号	实验项目名称	内容提要	课内实验学时	课外实验学时	对应章节重点	主要实验类型
1	组建团队	1. 模拟组建公司及管理团队，讨论确立公司经营业务范围、市场定位和战略目标并展示介绍公司概况； 2. 进行团队合作训练拓展游戏	2	2	战略人力资源管理、文化比较与沟通	B、C、E
2	国际人力资源管理相关影视片、培训视频赏析	美国影片《在云端》《拉瑞克劳》与电视剧《杜拉拉升职记》等相关片段观摩赏析。通过影片赏析与教师讲授、点评、引导，使学生更直观地了解人力资源开发与管理的内容，并通过讨论将学生带入人力资源管理者角色和管理情境之中	2	3	美国人力资源管理模式、中国人力资源管理模式	A、E

续表

序号	实验项目名称	内容提要	课内实验学时	课外实验学时	对应章节重点	主要实验类型
3	职位设计	1. 以小组为单位观察、访谈特定工作岗位的工作过程； 2. 运用相关工作分析方法收集岗位信息；完成访谈、调查问卷、观察表等信息收集过程的记录； 3. 分析整理岗位工作信息与任职资格； 4. 撰写规范的职位说明书	1	4	职位分析方法、职位说明书	B、D、E
4	国际人力资源规划与招募	1. 了解人力资源市场的基本情况，预测公司人力资源需求； 2.《跨国并购》纪录片片段讨论； 3. 根据空缺职位信息绘制模拟公司招聘海报； 4. 在课程群内进行书面简要展示、发布招聘信息等	1.5	5	人力资源规划、裁员、全球化与人力资源管理、跨文化沟通的障碍、国际人力资源管理中法律风险的防控	A、B、C、E
5	人力资源的甄选	1. 调查不同企业招聘面试过程； 2. 比较知名中资、外资企业官网中校园招聘和社会招聘网页，比较、发现不同公司在招募高校毕业生和有工作经验人士时所使用招聘策略的差异	2	4	国际人力资源招聘	A、B、C、D、E
6	模拟面试招聘	1. 确定招聘方法； 2. 拟定招聘面试提纲； 3. 进行模拟面试，每人作为招聘方参与面试其他学习团队的成员，后续进行角色转换，变为求职者再参加其他团队所设公司的面试招聘活动	2	3	跨文化沟通、国际人力资源招聘	B、C、E

续表

序号	实验项目名称	内容提要	课内实验学时	课外实验学时	对应章节重点	主要实验类型
7	国际人力资源培训与开发	1. 观摩培训视频片段； 2. 编制培训计划，应包含培训目标、培训对象、培训内容、培训方法、设备材料、预算； 3. 室外拓展训练体验游戏	1.5	3	国际人力资源培训与开发	A、B、C、E
8	绩效考核	1. 调研某企业某一岗位绩效考核标准，找出关键业绩指标，力求量化、可操作； 2. 课题讨论：大学生综合测评存在的问题及改进建议	1.5	3	绩效考核	B、C、D、E
9	绩效面谈的角色演练	1. 观摩学习企业绩效面谈督导的小视频； 2. 根据模拟考核结果对考核对象进行反馈沟通，并制订绩效辅导和改进计划	1.5	3	绩效面谈	A、B、C、E
10	薪酬调研	进行某一具体职位薪酬调研，完成调研报告并在课堂进行交流汇报	1.5	4	国际人力资源薪酬管理	B、D、E

注："实验类型"是指：A—演示性实验；B—验证性实验；C—设计性实验；D—研究性实验；E—综合性实验（一个项目含多种类型，可多选）。

四、考核方式

课内实验的考核应包括学生自评、同学之间的互评和教师对学生的测评。学生自我评价、同学之间互评的项目包括团队合作程度、出勤率、交流发言和各实验活动参与程度、课下查阅资料情况、课前准备情况等。

综合性实验和研究性实验要求学生团队或个人提交一份不少于2500字的作业，并在课堂进行5分钟的演示汇报。在完成作业的过程中要求分工明确。每个小组成员都必须承担一定的任务，并作为平时成绩的考查依据。在提交团队报告时，要注明每个学生的工作与贡献，并通过组内背靠背互评打分等方式来提高责任意识，尽量避免出现"搭便车"现象。

在此需要特别指出的是，与理工科类课程不同，因学生大多缺乏相关实际工作经验和跨文化环境的实际体验，在本课程涉及的设计性实验和综合性实验中，很难达到传统教科书中标准答案的水平，因此需要用创新性的实验评价体系对学生综合实践能力做出客观的评价。着重实验过程，着重培养学生自己体会、感受、理解和创新的评价体系，才能适应基于成果导向教育理念的要求。

基于以上分析，建议在修订教学大纲时增加实验成绩在课程总成绩评定中的比重。需注意不同学习基础、不同自律程度学生的学习参与度，增加随堂测验和课堂练习、讨论、提问互动次数，并通过课外辅导以及蓝墨云班课、微信课程群等网络支持手段增进师生互动交流讨论。

参考文献

[1] 申天恩，斯蒂文·洛克．论成果导向的教育理念 [J]．高校教育管理，2016 (5)：47．

[2] 董萍，胡庆华，曹卓良．应用型本科院校综合性、设计性实验项目设置的基本原则探讨 [J]．合肥师范学院学报，2014，32 (6)：43-45．

[3] 范海燕，解利群．教学研究型大学综合性、设计性实验的深层次探讨 [J]．教育教学论坛，2014 (19)：206-207．

[4] 张小林，周美华，李茂康．综合性、设计性实验教学改革探索与实践 [J]．实验技术与管理，2007，24 (7)：94-96．

[5] 陈忻华．综合性、设计性实验的开设 [J]．科学教育论坛，2005 (10)：123．

下 篇

PPD 在中国市场的跨文化风险管理研究

王媛媛[1]　钱春丽[2]

(1. 北京联合大学商务学院国商 1501B 学生；
2. 通讯作者，指导教师)

摘　要：随着中国经济、人口和医药技术的快速发展，中国的医药咨询注册市场已经进入了发展的黄金时期，如何迅速扩张中国市场和公司规模成为外资合同研究组织（CRO）的主要目标。但企业进行人才管理政策的制定时，由于中西方跨文化差异的存在，外资企业需要根据中国社会文化、风俗习惯进行调整，实施本土化管理，以避免客户和企业人才的流失。本文以此为出发点，通过分析北京法马苏提克咨询有限公司（PPD）在中国的跨文化风险管理策略，结合中国的人文环境、市场环境，从中西文化差异、文化冲突、跨文化风险的角度研究 PPD 在中国市场的跨文化风险管理。通过研究发现，该企业已经认识到跨文化风险管理的重要性，并制定相关措施，但由于中西文化差异和内部制度的不完善，导致企业在社会环境、法律法规、价值观念和管理模式方面依旧存在一些跨文化风险。针对以上问题，本文从社会环境、法律法规、价值观念和管理模式四个方面提出了跨文化风险管理应对措施，希望提升企业的竞争力。

关键词：PPD（法马苏提克咨询有限公司）；医药研发合同；外包服务；中国市场；跨文化风险管理

一、跨文化风险管理的相关理论和方法

（一）跨文化风险管理的基本理论

1. 跨文化及跨文化管理的界定

跨文化又叫交叉文化，是两种及两种以上具有不同背景的群体文化之间的相互作用。[1]跨文化是不同国家间文化交流时出现的现象。跨文化所要研究的主要是社会规范、价值观、个人与他人的关系、个人存在的意义和拥有的权力等主观隐性文化，它们是文化差异产生的关键因素。

跨文化管理，又称交叉文化管理，是指如何在跨文化的条件下攻克不同文化所带来的冲突，发挥人才的潜力，达成组织的目标，是一种进行有效管理的方法。[2]其根本目的是将组织的综合效益提升到最大，主要方法是组建超越文化冲突的组织，制定一套适用不同文化背景的组织成员参照的共同行为准则，最优地配置组织资源。

2. 跨文化风险及跨文化风险管理的界定

跨文化风险是在跨地域、跨民族、跨政体、跨国体的跨文化经营管理过程中，由于不同地方、不同组织、不同民族的文化差异而导致的文化冲突使实际收益与预期收益目标发生偏离的可能性。[3]文化背景与政治背景同样重要。社会文化背景和企业风险管理的各种衡量标准之间存在有趣的关系，自我表达和世俗理性价值观都是跨文化风险的影响因素。

跨文化组织管理理论中阐明，跨文化管理的有效性是基于一种潜在的最佳协同作用，该协同作用可以减少因跨文化冲突所导致的损失。跨文化协同管理功效指的是文化一体化，其具体体现为：文化一体化是一个动态过程；包含两种经常被认为是相反的观点；拥有移情和敏感性；意味着对发自他人信息的解释；它拥有适应性和学习性；协同行动，共同工作；群体一致的行为大于各部门独立行为之和；拥有创造共同成果的目标；对其他不同文化组织的正确且透彻的理解；文化一体化而非单方面的妥协；文化一体化并非人们要做的事，而是基于文化而所创造的

事；文化一体化仅产生于多元化组织为获得共同目标而联合努力的过程之中。[4]

(二) 跨文化风险评估分析方法

1. 因素分析法

因素分析法是根据分析指标与其影响因素的关系，从数量上确定各因素对分析指标影响方向和影响程度的一种方法。具体过程：先对 A 因素对事件的影响进行分析，再对 B 因素对事件的影响进行分析，之后对 C 因素对事件的影响进行分析，最后将 A、B、C 各因素的影响相乘，分析所有因素对事件的总影响。

2. 案例分析法

案例分析法是选择一个或多个曾经发生过的实际事件对某个事件进行分析的一种方法。该分析法对于选择的实际事件和分析事件的相似度有一定要求，需要进行逻辑设计、资料搜集和资料分析。资料的收集可采用实地观察行为，也可通过研究文件来获取资料。相对于其他研究方法，案例分析法能够对事件的系统理解更加清晰，对动态的相互作用过程掌握更加明了，可以获得一个比较全面的观点。

3. 德尔菲法

德尔菲法（Delphi Method）是在 20 世纪 40 年代由 O. 赫尔姆和 N. 达尔克创造，经过 T. J. 戈登和兰德公司进一步发展而成的。它是一种由企业内部管理专家匿名评分反馈问题、发表意见的方法，是为了克服专家会议法中，专家们不能充分发表意见、一个人的意见左右其他人的想法等缺点而产生的一种专家预测方法。具体流程如图 1 所示。

本文通过文献整理发现德尔菲法更加适合对 PPD（Pharmaceutical Product Development）的跨文化风险进行分析，因为内部专家的打分和意见反馈对于 PPD 跨文化风险分析更加具有可靠性，计算结果能够更加直观地反映 PPD 跨文化风险各个影响要素对其的影响。

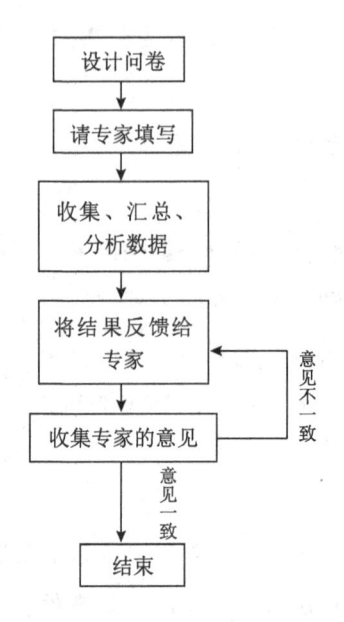

图 1 德尔菲法流程

二、PPD 在华跨文化风险管理现状

（一）PPD 在中国的发展概况

PPD1985 年由 Fred Eshelman 创建，是一家引领全球的合同研究组织，提供全面的综合药物研发、实验室和生命周期管理服务。目前在全球 47 个国家有办事处，在全世界拥有超过 19000 名专业人员。客户和商业伙伴包括制药公司、生物技术公司、医疗器械公司、学术和政府组织。PPD 通过收购外资 CRO 企业依格斯医疗科技公司的方式，于 2007 年进入中国市场，并将公司命名为北京法马苏提克咨询有限公司，于 2010 年先后在成都、广州、上海成立分公司，2014 年由于公司发展的原因关闭成都和广州分公司，如今在中国仅剩北京和上海两家公司。

（二）PPD 在华跨文化风险识别

跨国企业的跨文化风险主要来源于主观隐性文化，如社会规范、风俗习惯、法律法规、价值观念。本文通过问卷调查对 PPD 存在的跨文化风险进行识别，本次问卷共发放 10 份，发放对象为 PPD 的部门管理者，来自注册部 1 人、临床部 2 人、数据部 1 人、实验室 1 人、人力资源部 2 人、财务部 1 人、信息部 1 人、行政部 1 人，收回有效问卷 10 份。

调查结果显示（见表 1），PPD 的跨文化风险细分为 15 项，进行归类后发现，社会环境因素有 5 项：语言差异、风俗习惯、政治、宗教和商务风格；法律规章因素有 4 项：签证办理、劳动许可、外汇风险、财政制度；价值观念因素有 4 项：风险观念、工作态度、权力距离、企业社会责任感；管理模式因素有 2 项：人员素质和管理理念。

表 1 跨文化风险事件清单

类别	跨文化风险事件清单
社会环境因素	语言差异
	风俗习惯
	政治
	宗教
	商务风格
法律规章	签证办理
	劳动许可
	外汇风险
	财政制度
价值观念	风险观念
	工作态度
	权力距离
	企业社会责任感
管理模式	人员素质
	管理理念

（三）PPD 在华跨文化风险形成的原因

PPD 是一个外国法人独资企业，来自美国。目前该公司在中国共有 324 名员工，其中 13 名为外籍员工，员工国籍有新西兰籍、加拿大籍、新加坡籍、美国籍。外籍中高层管理者有 7 人，其中多为华裔。PPD 主要采用的是雇用本地管理者管理本地员工的管理方式，本地管理者和外国高层管理者一周有一次一对一视频会议交流，外国高层根据部门不同也会定期飞往中国与员工沟通。外国高层管理者的国籍多样，主要有美国籍、英国籍、澳大利亚籍、菲律宾籍、荷兰籍、瑞典籍等。

综上所述，PPD是一个美资企业，在中国企业内部的人员国籍各异，内部存在国家文化、风俗习惯、宗教信仰、价值观念的差异，这些都是产生跨文化风险的原因。中西文化差异具体表现见表2。

表2 中西文化对比表

风险因素			西方国家	中国
社会环境因素	语言差异		英语	中文
	风俗习惯	饮食	西餐	中餐
		节日	圣诞节	春节
		称呼	名字	XX姐/哥
	政治		多数为两党制或多党制	人民民主专政的社会主义国家
	宗教		基督教、犹太教、伊斯兰教	无宗教信仰
	商务风格		重视规则，重利益，轻立场	重人际关系，重立场，轻利益
价值观念	风险观念		相对较弱	相对较强
	工作态度		重制度规则	贡献精神
	权力距离		小	大
	责任感		个人成就	集体荣誉
管理模式	人员素质		西方教育	中式教育
	管理理念		人文管理文化	科学管理文化

如表2所示，中西国家的语言差异、风俗习惯、社会关系、政治、宗教、商务风格、风险观念、工作态度、权力距离、责任感、人员素质、管理理念完全不同，因此PPD的高层管理者在进行跨文化管理的时候，很容易因为文化差异引起文化冲突，出现管理风险。

三、PPD在华跨文化风险评估

(一) PPD在华跨文化风险评估过程

由于本文主要是对PPD的跨文化风险管理进行研究，因此依照PPD跨文化风险清单，在PPD内部管理者中选取了5位专家为风险的因素影响程度进行打分，打分表通过微信、邮件的形式将风险清单制成问卷发给几位专家。专家们的权重各有不同，根据专家的权威性和专业性进行区分。

1. 专家的背景及权重

本次参与问卷调查的专家都具有团队管理工作经验，他们所属部门分别是人力资源部、财务部、临床管理部、实验室。本文根据专家的工作经验时长和专家的工作与跨文化风险管理的相关程度进行了权重划分，总和为1，专家所占权重的具体详情见表3。

表3 专家背景及权重表

专家	背景	权重
E1	16年跨国企业管理经验的人力资源副总监	0.3
E2	8年跨国企业管理经验的人力资源经理	0.25
E3	10年工作经验，3年临床部管理经验的临床管理部经理	0.25
E4	6年财务管理经验的财务经理	0.15
E5	5年工作经验，3年实验室管理经验的实验室管理部助理	0.05

2. 专家问卷评分结果

本文对内部员工和高管的跨文化风险因素调查问卷中的因素进行了归纳总结，设计了相应的打分表，邀请了公司内部5位专家为4类15项跨文化风险因素对PPD的影响程度进行打分，打分情况见表4。

表4 专家打分表

风险来源		具体内容	风险严重度专家打分（5分制）				
			E1	E2	E3	E4	E5
社会环境因素	语言差异	中英互译出歧义	3	4	4	3	5
	风俗习惯	中外风俗习惯不同	3	2	2	2	2
	政治	中外政治关系	3	3	3	2	2
	宗教	不同宗教信仰	2	2	3	1	2
	商务惯例	中外商务惯例区别	3	2	3	2	2
法律规章	签证办理	中国签证办理情况	1	3	3	2	2
	劳动许可	需要办理当地劳动许可	2	4	3	2	2
	外汇法条及风险	中美汇率稳定情况	3	4	3	2	2
	财政制度	中国财政制度	3	4	3	2	2
价值观念	风险观念	风险观念的强弱	5	3	3	2	1
	工作态度	是否严格按照约定工时工作	2	4	3	3	1
	权力距离	民主主义或集权主义	3	2	3	4	3
	企业社会责任感	对企业履行社会责任的范围认定不同	2	3	3	2	3
管理模式	人员素质	人员素质参差不齐	2	4	4	3	4
	管理理念	中外管理理念的不同	4	4	4	2	4

3. 跨文化风险影响程度计算公式

本文根据专家权重和专家对每一条PPD跨文化风险影响因素的打分进行计算，公式为 $y = q_1 * x_1 + q_2 * x_2 + q_3 * x_3 + q_4 * x_4 + q_5 * x_5$，$y$ 是每一项跨文化风险影响因素对PPD跨文化风险的影响程度，q 是专家背景及权重表中每一位专家对应的权重比，x 是专家对每一项跨文化风险对应因素所打的分数，例如，语言差异因素对PPD跨文化风险的影响程度计算为 $y = 0.3 * 3 + 0.25 * 4 + 0.25 * 4 + 0.15 * 3 + 0.05 * 5$。

（二）跨文化风险评估结果

本文根据跨文化风险因素对PPD的影响程度的计算结果，按照分数的高低，将跨文化风险因素对PPD的影响程度分为较大、适中、较小，具体情况见表5。

表5　PPD跨文化风险因素的影响程度表

影响程度	风险因素		具体内容	分数
较大	社会环境因素	语言差异	中英互译出歧义	5.85
	管理模式	管理理念	中外管理理念的不同	5.5
	管理模式	人员素质	人员素质参差不齐	5.05
	价值观念	权力距离	民主主义或集权主义	4.25
适中	法律规章	外汇法条及风险	中美汇率稳定情况	3.95
	法律规章	财政制度	中国财政制度	3.95
	价值观念	企业社会责任感	对企业履行社会责任的范围认定不同	3.9
	价值观念	风险观念	风险观念的强弱	3.8
	社会环境因素	政治	中外政治关系	3.7
	法律规章	劳动许可	需要办理当地劳动许可	3.65
较小	社会环境因素	商务惯例	中外商务惯例区别	3.45
	价值观念	工作态度	是否严格按照约定工时工作	3.3
	社会环境因素	风俗习惯	中外风俗习惯不同	3.2
	法律规章	签证办理	中国签证办理情况	3.1
	社会环境因素	宗教	不同宗教信仰	3

根据表5可以得出，对PPD而言，跨文化风险影响程度较大的是语言差异、管理理念、人员素质、权力距离，这4项与员工个人能力、公司的管理模式联系较大，是PPD最需要制定策略去解决的；影响程度适中的是外汇法条及风险、财政制度、企业社会责任感、风险观念、政治、劳动许可，这6项是与法律法规联系较大的；影响程度较小的是商务惯例、工作

态度、风俗习惯、签证办理、宗教,这5项与社会环境联系较大。

(三)跨文化风险对PPD产生的影响

本文将跨文化风险因素的评分结果反馈给专家,并对5位专家进行访谈,以此探究跨文化风险对于PPD产生的影响,并对跨文化风险产生的影响进行了归纳和总结,详情见表6。

表6 PPD跨文化风险产生的影响

风险因素		具体内容	影响
社会环境因素	语言差异	中英互译出歧义	延缓项目进度,会出现返工现象,如果老板多次因此批评员工,会引起员工的不满,出现不服管现象
	风俗习惯	中外风俗习惯不同	以饮食为例,许多外国高层管理者不能适应中国饮食习惯,与员工除工作外没有其他交集,员工与老板间的距离感因此产生
	政治	中外政治关系	中美政治关系紧张,导致中外员工政见不和,针锋相对,影响工作,合作伙伴对企业有偏见,影响合作
	宗教	宗教信仰不同	佛教、道教、基督教、伊斯兰教,不同的宗教信仰引发的冲突使得同事关系紧张,导致团队合作困难
	商务惯例	中外商务惯例区别	PPD的客户遍布全球,商务惯例不同,在与客户沟通交流时会引起不必要的误解,导致合作难以进行
法律规章	签证办理	中国签证办理情况	总部高层来华频率不高,与基层互动不多,无法了解员工想法
	劳动许可	需要办理当地劳动许可	许可办理流程复杂,外包服务费用高,有些需要员工承担,导致员工不愿意外派,减少了跨文化交流
	外汇法条及风险	中美汇率稳定情况	成本的增加使美国减少对中国的投资,员工福利和项目经费的减少会引起员工不满,部门经费有限,使得团建活动难以展开
	财政制度	中国财政制度	外国员工非常重视自己的利益,如若没有及时做出调整会引发争议

续表

风险因素		具体内容	影响
价值观念	风险观念	风险观念的强弱	风险观念差会引发经营和管理困难,导致企业收益减少,成本增加
	工作态度	是否严格按照约定工时工作	工作态度的不同,会引起同事之间的猜忌和不满,让人觉得不公
	权力距离	民主主义或集权主义	管理者和员工之间因为所处国家权力距离大小的不同,导致上下沟通不顺畅,无法相互理解
	企业社会责任感	对企业履行社会责任的范围认定不同	范围认定不同,员工对社会责任承担的大小就不同,人们的理念差异会引发矛盾,甚至影响企业形象
管理模式	人员素质	人员素质参差不齐	造成管理困难
	管理理念	中外管理理念的不同	公司上下思想不一致,下级不服从管理,引发业务进度慢、员工离职等现象

综上所述,跨文化风险的存在会引发经营和管理困难,导致出现公司运营成本增加,拖慢项目进度;导致高层与基层之间交流少,公司战略无法有效实施;影响内部团结,引发高离职率;甚至会出现法律风险,导致员工申请法律仲裁。

四、PPD 在华跨文化风险管理的对策与建议

(一) 业务运营跨文化风险管理建议

针对 PPD 在药品研发、实验室和生命周期管理服务业务上所面临的跨文化风险,本文建议 PPD 在每个业务开展前组织商务、法务、财务、技术、管理等多专业各角度的专家进行会审分析,根据客户所在国的实际情况,从隐形文化风险的四个因素(社会环境因素、法律规章因素、价值观念因素和管理模式因素)进行跨文化风险的识别工作,并根据存在的风险制定相应的应对策略。

从社会环境因素的角度来识别，在业务运营前期应考虑两国语言、风俗、宗教、商务习惯及政治等方面的差异，并对可能引起文化冲突的方面进行列表分析，在业务开展前召开团队会议对列表项进行讲解，提高项目组成员的跨文化风险意识。

从法律规章因素的角度来识别，在业务开展前期安排公司法务、财务对当地法律规章进行调查，了解当地法规条款，以免触犯当地法律。

从价值观念因素的角度来识别，应对项目组成员做项目合同条款培训，提升公司员工对违约风险的认识。

从管理模式因素的角度来识别，建议上下级之间增加沟通频率，除了邮件沟通还要增加电话沟通，避免出现员工突然失踪和英文邮件沟通理解容易出偏差耽误业务进度的情况；业务上有上下承接关系的两个员工要对彼此的进度有所了解，以免影响工作进度，承担违约风险。

（二）人才跨文化风险管理建议

针对PPD在华人才管理上所面临的跨文化风险，本文从隐形文化风险的四个因素进行识别，并提出相应建议。

从社会环境因素的角度来识别，语言差异使得邮件交流时中英互译容易出歧义，影响工作进度。建议企业为员工提供英语培训，并且申请相应的经费，报销员工取得相应证书的费用。可以定时召开会议，分享近期大家在沟通上遇到的困难，互相帮助提升面对不同国家客户的沟通能力。PPD公司内部人员宗教信仰多样，各个国家的风俗习惯、商务习惯、工作习惯也不相同，因此容易引发冲突，建议根据中国的文化环境对商务规范、工作制度规定修改员工手册，倡导宗教自由，尊重他人的信仰。

从法律规章因素的角度来识别，提高人事和财务人员的警觉性，及时安排人员参加培训，了解中国财务和劳动法规变化，根据政策的改变做出相应调整。针对劳动许可，建议在北京和上海设立专门的岗位或将工作分配给某个人事专员，以此帮助外籍员工办理此事，减少办理劳动许可的时间和成本。针对签证办理，建议人事部将办理所需材料群发给大家，告知大家出国要提前准备，以免影响行程，减少中外员工的交流频率。

从价值观念因素的角度来识别，外资企业如何承担社会责任与当地人民对其的好感度息息相关，建议在员工入职培训时加入对企业社会责任范围的讲解，使员工清楚地知道哪些事情该做，哪些事情影响企业形象和信誉，不应该做。积极组织员工参加公司慈善活动，宣传活动成果。

从项目管理模式因素的角度来识别，中国的权力距离较大，建议多组织员工活动，增加中外员工互动，增进同事情谊，减少距离感。

（三）建立跨文化风险预警机制

建立风险预警机制能够帮助企业更好地预防和把控跨文化风险，降低风险发生的可能性，确保业务开展顺利，减少人员流失。首先应该由公司法务、财务、人事的专业人员，对于两国文化进行差异对比分析，分析两国文化差异是否会引发文化冲突。如果有文化冲突，则找出容易引发文化冲突的地方，进行风险因素归类识别，看看是属于社会环境因素、法律规章因素、价值观念因素和管理模式因素中的哪一点，根据风险因素影响程度、可控性决定是否拉响警报。如果影响较大，则需要开专家会议，由法务、财务、人事、业务部门的管理者共同制定预防措施，提前进行风险预防。跨文化风险预警机制如图2所示。

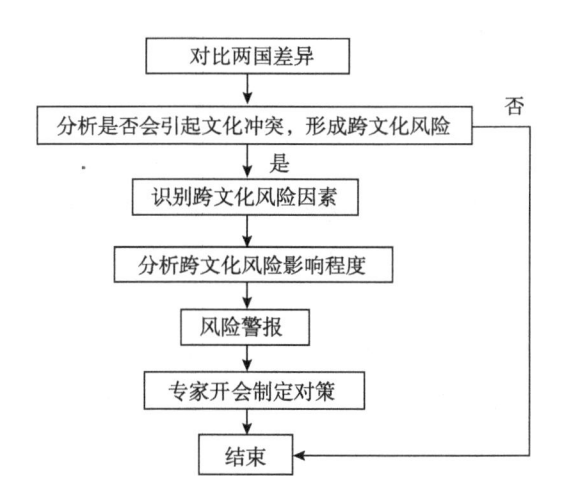

图 2 跨文化风险预警机制

五、结 论

本文通过参考跨文化风险和跨文化管理的国内外先进理论，对PPD在华跨文化风险管理进行研究。具体分析了PPD面临的跨文化风险管理因素、产生原因以及影响。最后结合PPD的实际情况，得出以下结论。

由于中美外部社会文化差异较大，PPD企业内部跨文化管理制度的不完善，容易引发文化冲突，导致PPD跨文化风险的产生。目前我国CRO行业的竞争对手较多、潜在进入者威胁较大，如何降低跨文化风险，提升企业综合实力成为重要问题。通过研究发现，由于中西文化差异和内部制度的不完善，导致企业在社会环境、法律规章、价值观念和管理模式方面依旧存在一些跨文化风险。针对以上问题，本文提出了一些对策和建议：增加语言、文化、管理培训，降低文化壁垒，减少客户不满和员工摩擦；建立风险预警机制，增强监察制度；修改员工手册，减少宗教、文化冲突；组织活动，增加部门经理与员工沟通频率；举办宣传慈善活动，提升企业形象。希望通过此种方式解决企业在华跨文化风险管理中存在的问题，不断提升企业综合竞争能力。

参考文献

[1] 李萍. 川菜发展中的跨文化适应研究 [J]. 旅游纵览（下半月），2014（11）：220 – 222.

[2] 赵曙明. 国际企业：跨文化管理 [M]. 南京：南京大学出版社，1994：434.

[3] 林琳，韩华丽. 关于跨文化交际中的文化冲突问题的分析 [J]. 人力资源管理，2017（7）：409 – 410.

[4] 童锋，陈敏，林林. 国家实验室管理文化冲突及消解——以武汉光电国家研究中心为例 [J]. 科技管理研究，2018，38（23）：131 – 136.

中国航空工业集团国际竞争力评价与提升研究

刘 梦[1] 赵 进[2]

(1. 北京联合大学商务学院国商 1501B 学生；
2. 通讯作者，指导教师)

摘 要：中国航空航天企业要想走向世界，首先要做的就是将国际一流航空航天企业作为发展进步的参照目标，在企业发展战略的各个层面进行对标分析，明确自身在国际竞争环境中的优劣势与地位。目前，中国航空工业集团有限公司（以下简称"中航工业"）是我国最大的航空航天企业，对我国航空航天产业的发展起着重要作用，提升中航工业的国际竞争力对于提升我国航空航天产业的国际竞争力起着至关重要的作用。基于此，本文以中航工业为研究对象，运用国际竞争力评价相关理论与研究方法，在中航工业"一心、两融、三力、五化"的企业发展战略目标下，构建国际竞争力评价指标体系，与国际一流航空航天企业进行对标分析，找出中航工业在国际竞争中的地位与优劣势，并提出中航工业国际竞争力的提升路径与建议。

关键词：中航工业；国际竞争力；对标模型

一、引 言

经济全球化是当代世界经济的重要特征之一，也是世界经济发展的重要趋势。企业想要长久发展,就需要走全球化发展道路进行企业国际化发展。企业在国际化进程中会遇到各种竞争,即国际竞争。当一个企业具有较强的国际竞争力时,即拥有了较为丰富的国际资源、较为稳定和广阔的市场以及较高的品牌价值。因此,提升国际竞争力是国际企业立足国际市场的基础和核心。航空航天工业作为一国战略性高科技产业,其国际化发展对一国国际地位的提升起着重要作用。近年来,虽然我国航空工业不断发展进步,但是在技术和产业结构等方面与国际水平仍存在差异,因此,如何提升我国航空企业的国际竞争力成为我国航空航天工业发展的首要任务。

中国航空工业集团有限公司是中国最大的航空工业公司,其业务领域包括军用航空与防务、民用航空、工业制造和现代服务业。中航工业作为中央直管的国有独资特大型企业,拥有国内最先进的研发制造技术、优秀的人才和广阔的市场,所以对国家航空工业的发展起着决定性作用,但中航工业仍与国际优秀航空工业公司存在一些差距。因此,本文对中航工业的国际竞争力进行了分析与评价,并制定出提升其国际竞争力的路径和策略建议,以实现中航工业在国际竞争中的优势。

二、国际竞争力的概念、内容及研究方法

1. 国际竞争力的概念

1985年,世界经济论坛提出了国际竞争力的概念,认为国际竞争力是"一国企业能够提供比国内外竞争对手更优质量和更低成本的产品与服务的能力[1]"。

2. 国际竞争力的内容

经过学者们的不断研究与探索,目前,企业国际竞争力理论主要包含了绝对优势理论、比较优势理论、要素禀赋理论和企业核心竞争力理论四个方面的内容。而企业核心竞争力理论认为企业的核心竞争力来源于企业的核心资源和核心能力。因此,本文依据企业核心竞争力理论对中航工业的业务能力、企业战略、企业发展能力、企业内部管理能力、财务能力和综合能力进行分析。

3. 国际竞争力的研究方法

目前，在构建企业国际竞争力评价指标体系的研究中，主要有权重分析法和对标分析法两种。本文选择借鉴第二种研究方法构建中航工业国际竞争力评价指标体系。结合中航工业的特点，根据企业战略体系的"战略定位""战略目标""战略途径""战略举措"模块，找出中航工业企业战略体系模块涉及的关键要素，将要素转化为定量指标，借助平衡记分卡模型将指标整合为综合、财务、客户、管理和学习5类，通过战略地图对5类指标进行梳理，明确各指标之间的关系，最后形成中航工业国际竞争力评价指标体系。

按照《财富》世界500强企业排名、地域代表性、企业类型和企业特色为标准选取对标企业。运用工具软件计算出各指标的平均值，以平均值作为中心值进行比较，高于平均值的指标界定为领先，在中心值之间的界定为中等，低于平均值的界定为靠后，最终体现在雷达图上由外到内的逻辑关系是领先—中等—靠后。[2]

三、中航工业的发展现状

中航工业是由中央管理的国有特大型企业，是国家授权的投资机构，于2008年11月6日由原中国航空工业第一、第二集团公司重组整合而成。

1. 国外发展现状

中航工业的业务领域涵盖了军用航空与防务、民用航空、工业制造和现代服务业等，其中军用航空与防务业务包括战斗机、军用运输机和军用直升机等；民用航空业务包括民用直升机、航空运输、支线飞机、通用飞机、转包生产和通航运营等；工业制造业务包括通用与专用设备、交通运输、电子信息和电力电气等；现代服务业包括一些工程建设和金融业务，其中工程建设主要是下属成员单位在其他国家开展海外工程建筑业务，金融业务则是设立专门的金融公司开展金融业务。

其业务领域遍布拉美、北美、亚洲、欧洲、大洋洲、非洲等地区的各个国家，具体业务分布情况如表1所示。

表 1　中国航空工业集团国际业务分布

拉美 7 个	北美 2 个	亚洲 19 个	欧亚 3 个
委内瑞拉 玻利维亚 巴西 多米尼加 墨西哥 古巴 秘鲁	美国 加拿大	泰国、老挝、蒙古、越南、巴基斯坦、印度尼西亚、马来西亚、孟加拉国、斯里兰卡、新加坡、缅甸、土耳其、尼泊尔、卡塔尔、阿联酋、约旦、日本、柬埔寨、韩国	俄罗斯 哈萨克斯坦 吉尔吉斯斯坦
欧洲 10 个	大洋洲 2 个	非洲 21 个	
法国、挪威、德国、瑞士、罗马尼亚、希腊、奥地利、英国、芬兰、荷兰	澳大利亚 汤加	肯尼亚、刚果（布）、坦桑尼亚、安哥拉、加纳、厄立特里亚、埃塞俄比亚、毛里塔利亚、埃及、多哥、津巴布韦、纳米比亚、南非、尼日利亚、赞比亚、喀麦隆、乌干达、卢旺达、布隆迪、加蓬、阿尔及利亚	

资料来源：中航工业官网。

2. 国内发展现状

中航工业近几年来在国内的发展主要体现在金融合作、区域合作、企业合作和政府合作等方面。金融合作对内部金融资产进行整合，加强资金集中管理，提高了资金的使用效率。与国内地方政府和国际同行进行战略合作，带动区域经济发展的同时，提高了企业在国内的地位和综合实力。

3. 企业战略

中航工业坚持"一心""两融""三力""五化"的发展战略，坚定航空报国的初心和践行航空强国的使命。与世界一流企业建立良好的合作关系，实现取长补短、优势互补，深化合作领域，提升合作层级。在企业经营方面，对标世界一流企业，用全球最高标准衡量评价企业经营管理绩效。不断推进"走出去"战略，加强企业国际合作。坚持"合作共赢"的国际化战略定位，通过与发达或发展中国家合作来提高自己海外市场的份额和国际知名度。

四、对标企业的选取与对标模型的构建

(一) 对标企业选取

本文借鉴其他学者的选取标准,从企业国际排名、区域代表性、企业类型和企业特色等方面选出了波音和空客两家公司作为分析对象。

(二) 对标模型的构建

本文遵循系统性、科学性、可比性和可量化性的原则构建中航工业的对标模型。

首先,将中航工业战略分为"战略定位""战略目标""战略途径"和"战略举措"四个模块,根据四个战略模块分析相关要素,并将要素转化为指标;其次,借助平衡计分卡模型将指标规整为综合、财务、客户、管理和学习五大类;最后,结合战略图对企业各指标之间的关系进行梳理,建立企业的对标模型,图1、表2、图2是对标模型构建的具体情况。

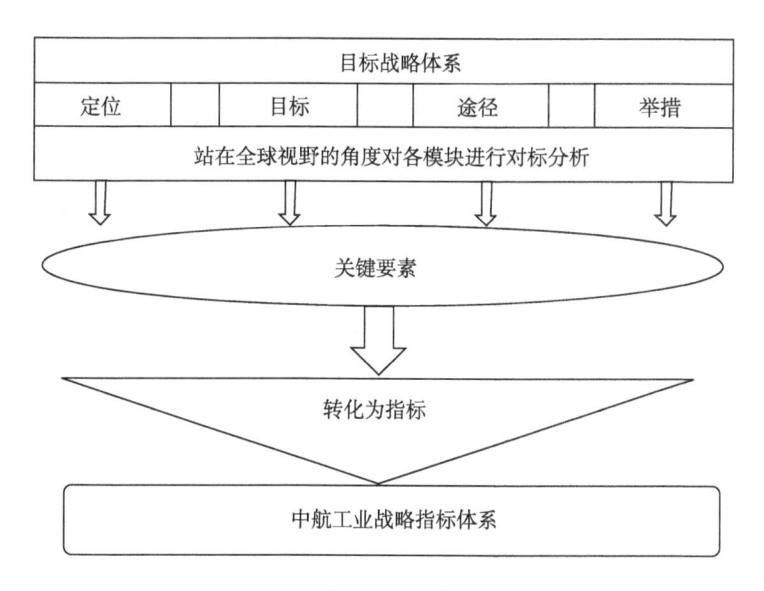

图1 中航工业战略指标体系

表2　以平衡记分卡为基础的中航工业竞争力评价指标体系

财务指标	客户指标
流动比率、资产负债率、资产周转率、营业利润率、资产利润率、营业收入增长率	全球客户分布情况
管理指标	学习指标
员工总数、销售额、人均创利率、国际市场占有率、品牌价值	研发投入费用、申请专利数

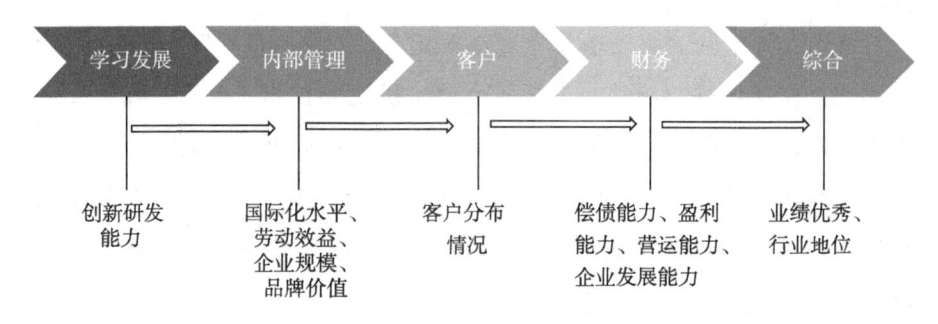

学习发展 → 内部管理 → 客户 → 财务 → 综合

- 创新研发能力
- 国际化水平、劳动效益、企业规模、品牌价值
- 客户分布情况
- 偿债能力、盈利能力、营运能力、企业发展能力
- 业绩优秀、行业地位

图2　中航工业战略图

（三）基于对标模型的中航工业国际竞争力评价指标要素

为保证战略的实施，中航工业建立了卓越的国际战略指标体系。因此，本文依照战略指标体系的内容，按照"体系—模块—关键要素—指标"的逻辑过程，从中航工业战略体系的"战略定位""战略目标""战略途径""战略举措"四个模块先识别出其中涉及的关键要素，然后将这些关键要素转化为具体指标，最终构建了中航工业国际竞争力评价指标。

1. "战略定位"模块

做世界一流的航天企业：成为世界航空航天业的领袖公司，具有世界先进的企业管理水平，保持世界领先的服务和技术创新能力，实行国际化发展，引领行业发展方向，保持业绩稳定增长，持续创造更大价值，在行业中确立主导地位，实现企业全面协调发展。

关键要素为业绩优秀、行业地位。

指标为《财富》世界500强航空航天企业排名。

2."战略目标"模块

成为规模最大的航空航天企业：成为全球客户数量分布国家最多的航空航天企业，拥有充足的企业内部资源和较高的劳动效益。

关键要素为企业规模和劳动效益。

指标为员工总数、营业收入、人均创利率和全球客户分布数量。

3."战略途径"模块

优秀的财务管理能力：加强企业财务管理，提高资金运作效率，节约成本，实现利润最大化。

关键要素为偿债能力、营运能力、盈利能力和企业发展能力。

指标为流动比率、资产负债率、资产周转率、营业利润率、资产利润率和营业收入增长率。

4."战略措施"模块

（1）形成"创新型"增长模式：进行企业全方位创新管理，加强企业创新能力。努力成为航空航天业领袖公司，积极开展服务、管理、技术创新。实现企业转型升级，增强企业员工自主创新能力，使创新理念成为中航工业发展的新动力。

关键要素为服务创新、管理创新和技术创新。

指标为研发投入比例和申请专利数。

（2）实施"走出去"战略：加强企业国际合作，坚持"合作共赢"的国际化战略定位，通过与发达或发展中国家合作来提高自己海外市场的份额和国际知名度。

关键要素为国际化进程。

指标为国际化水平。

（四）中航工业国际竞争力评价指标体系

根据平衡计分卡思想和战略图的梳理结果，本文最终形成了中航工业国际竞争力评价指标体系，具体的情况如表3所示。

表3 中航工业国际竞争力评价指标体系

一级指标	二级指标	指标内容
学习发展	创新能力	申请专利数
	研发能力	研发投入费用
内部管理	国际化水平	国际市场占有率
	劳动效益	人均创利率
	企业规模	员工总数、营业收入
	品牌价值	《财富》世界500强航空航天企业品牌价值排行
客户	全球客户分布情况	全球客户分布国家数量
财务	偿债能力	流动比率、资产负债率
	营运能力	资产周转率
	盈利能力	营业利润率、资产利润率
	企业发展能力	营业收入增长率
综合	业绩优秀和较高行业地位	《财富》世界500强航空航天企业排名

五、中航工业国际竞争力对标分析结果综述

根据所构建的中航工业国际竞争力评价指标体系，从企业的学习发展、内部管理、客户、财务和综合层面对中航工业、波音和空客三家公司进行对标分析。根据分析结果，找出中航工业国际竞争的优劣势，图3是最终的分析结果。

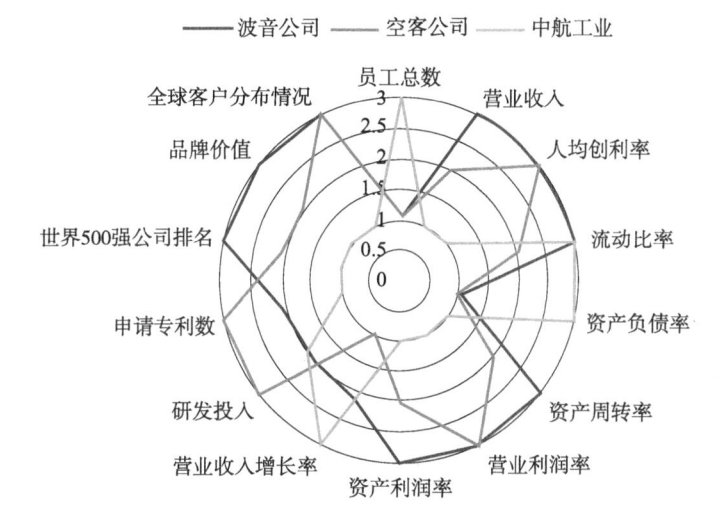

图 3 企业对标分析结果

数据来源：公司官网、企业年报、INNOGRAPHY 专利检索分析平台、上市公司财报、《财富》2018 年世界 500 强企业排名、《财富》2018 年世界 500 强企业品牌价值排行。

1. 中航工业国际竞争力的优势

通过对标分析可以发现，相比于波音公司和空客公司，中航工业在研发投入、偿债能力、发展前景等方面具有较强的竞争优势。

首先，中航工业注重研发投入，相较于波音公司和空客公司整体实力，中航工业在研发投入上的费用占比还是处于较高水平。从图 3 也可以看出，虽然中航工业其他指标处于劣势，但是在研发投入上却毫不含糊。作为航空航天高精尖类企业，研发技术是企业生存和发展的重要因素，中航工业显然已经注意到这一特点，注重研发投入，吸引更多人才，掌握高新技术，最终成为提高企业国际竞争力的优势。

其次，中航工业偿债能力水平较高。从图 3 可以看出企业偿债能力较高，企业经营风险较小，发展稳定，资金流动较为稳定。因此，在国际竞争中，企业不用过于担心债务风险问题，可以放心地与其他国家企业合作，增强国际知名度与竞争力。

最后，中航工业发展前景广阔。从图 3 可以看出中航工业的营业收入增长率处于较高水平，说明企业的发展前景比另外两家公司更好。这将有利于企业进行国际竞争，最终达到世界一流航空航天企业的水平。

2. 中航工业国际竞争力的劣势

通过对标分析可以发现，相比于波音公司和空客公司，中航工业在员工成本、品牌价值、劳动效益、资产利用率和盈利能力方面仍存在一定的差距。

第一，中航工业企业员工成本较高。从图3可以看出，中航工业的员工人数是最多的，这对企业来说既是优势也是劣势。企业员工人数越多，员工工作服、手套、办公用品等各种物品的消耗也就越大，最终导致企业员工成本增加，利润减少，这将不利于企业进行国际竞争。

第二，中航工业品牌价值较低。品牌价值包括企业的国际化水平、专利数量、知名度等。从图3可以看出，中航工业的国际市场占有率和专利数量均处在靠后水平。在2018年世界品牌价值500强排名中，波音公司排名第48名，空客公司排名第457名，中航工业未上榜。由此可以看出，中航工业的品牌知名度较低，相较于其他两家公司来说，创新能力也存在明显不足，国际市场份额较低，仍然无法与波音公司和空客公司并驾齐驱，这也导致中航工业在国际合作中会因为品牌价值等因素损失掉与其他企业合作的机会，造成企业经济损失。

第三，中航工业劳动效益较低。从图3可以看出，中航工业的人均创利率与其他两家公司存在较大差异，这主要是由于公司员工人数过多，导致企业管理难度加大，员工工作缺乏积极性，任何事情都要向上级汇报才能进行下一步，员工习惯等待上级安排工作，缺乏主观能动性，安于现状，缺乏进取精神，墨守成规，缺乏创新精神。员工工作效率较低，影响了企业的劳动效益，不利于企业的国际竞争。

第四，中航工业资产利用率较低。从图3可以看出企业资产周转率处在靠后水平，这表明企业的资产利用效率和管理质量较低，容易导致资产得不到有效利用，造成铺张浪费，增加了企业的成本负担，不利于企业参与国际竞争。

第五，中航工业盈利能力较低。从图3可以看出，中航工业的营业利润率处在靠后水平，说明企业盈利能力较弱。中航工业要想成为一流的航空航天企业，就需要提升企业自身的盈利能力，创造更多的利润，这样才能确保企业在国际竞争中拥有足够的资金来支撑企业发展，不断进步。

六、中航工业国际竞争力提升的对策建议

1. 企业员工成本方面

首先，通过末位淘汰制激发员工工作积极性，其目的是提高生产效率，防止"尸位素餐"。进行公司内部人力资源合理配置，改善公司内部人员冗余情况，真正地实现人力资本的增值。

其次，合理设计企业内部员工薪酬结构和绩效管理考核制度，实现公平和效率的有机统一，做好合理分配。

最后，确定企业内部员工职责，优化企业各层级管理组织结构。需要企业加强定员定额的管理，通过减少劳动投入、提高产出来达到降低人工成本的目的。

2. 企业品牌价值方面

企业通过"一带一路"与我国周边国家和地区进行业务往来，增加企业的海外业务，扩大企业国际知名度和国际市场占有率。与欧美发达国家的公司展开合作，在外投资建厂，学习先进技术与管理理念，把这些先进的管理理念引入集团内部来，根据理念制定适合集团发展的战略，促进集团的国际竞争力发展。通过与国际知名企业合作的方式打开海外市场，提升品牌价值。确保企业资源整合最大化，利用各种现有资源提升企业品牌价值，包括企业内外部资源，采取强强联合、搭顺风车、借势等手段与国内外企业进行有效合作。

在官网及时准确地发布企业年度报告和临时公告，确保信息传递的及时性；每年向公众发布社会责任报告，接受群众监督。在公司官网、《中国航空报》等媒体对外宣传，征集民众反馈意见，面向社会发布招聘启事，积极组织参与抗震救灾等公益活动。

3. 企业工作效率方面

找到适合自己公司的企业管理软件，运用相关软件对每日工作进行计

划、记录和总结。在制订计划方面,把当天需要做的工作记录到软件系统里,然后根据所做工作的重要性进行排序,达到合理配置工作时间的目的。在实时记录方面,每完成一项工作都记录到软件系统里,积累经验。最后做好总结,让各层级领导可以清晰地看到任务的完成进度及工作内容,以便更好地安排下步计划。

增加企业内部员工培训次数,保证每位员工都享受到培训的机会,提高自身工作能力。实行岗位轮换制度,让每位员工切身体会到各个岗位的具体职责,实现思想上的碰撞。鼓励员工在空余时间学习考证,增强员工的业务能力,提高岗位胜任能力。

4. 企业资金利用方面

中航工业财务有限责任公司是一家专门负责中航工业资金管理的企业,主要负责集团下属成员单位的资金集中专项管理工作。其目的是为中航工业提供更优质、更便利、更优惠的金融服务方案。为了进一步加强资金集中管理,财务公司要突出功能定位,提升服务水平。

因此,中航工业财务公司应加强资金集中管理力度,以更高的效率完成下属成员单位的资金集中专项管理工作,由集团发布资金集中管理的文件到下属成员单位,确保文件能够有效传达。把下属成员单位每年的授权联网率作为企业年绩效考核目标,提升考核标准,增加一些奖惩措施,防止下属成员单位出现不配合的现象。这样不仅能够加强集团的资金使用效率,还提高了下属成员单位的积极性。

5. 企业盈利水平方面

首先,通过研究发现,中航工业国外市场发展情况与整体目标战略之间仍存在一定差距,应加强企业国际化发展进程,针对目前国际市场现状,及时调整企业战略布局,保证企业战略的有效实施。

其次,随着网络技术的不断创新与发展,"互联网+"时代已成为社会主流。航空工业紧随时代潮流,目前正在进行模式创新,主要是把信息技术和工业技术进行有效结合,让两者互为补充,促进企业发展。但是,通过调查发现,中航工业的整体盈利水平还与波音公司和空客公司之间存在一定差距。因此,企业还需不断调整经营模式,把信息技术和工业技术融会贯通，逐渐缩小差距。

最后，注重人才的培养和发展。将企业的技术研发工作上升到企业战略层面的高度，使企业内部管理人员树立技术创新的理念，企业多订购一些国际飞机制造技术最新研究成果类的期刊，让员工在休息时可以关注该领域的最新研究成果，潜移默化地影响员工的思维方式，培养员工创新理念；[3]组建一批技术先进的研发队伍，通过与国内外高校合作的方式，面向全球范围寻找技术人才，或在一些高新人才众多的国家或地区设立技术研发院，招聘当地优秀技术人才，引进国际技术人才，提升集团的尖端技术力量；同时持续鼓励集团的技术员工参加技术培训，支持集团技术员工参加技术资格考试，提升集团整体的技术水平；加大对技术研发工作的物力与财力的投入，设立技术研发专项资金，并且从营业收入中提取一定比例的资金作为技术研发专项资金，刺激员工的自主研发能力。[4]

七、结 论

本文首先对企业国际竞争力的概念进行界定，明确企业国际竞争力的核心，运用企业核心竞争力理论进行分析，通过借鉴其他学者的研究方法构建企业对标模型，基于对标模型构建企业评价指标体系，并运用平衡计分卡和战略图的思想对企业国际竞争力评价指标进行梳理，最后形成企业学习发展、内部管理、客户、财务、综合5个一级指标，12个二级指标，对企业国际竞争力进行对标分析，找出了企业与波音和空客两家公司之间的差距，并为最后提升中航工业国际竞争力的措施做好铺垫。文章最后一部分是在前文分析的基础上，提出了提升中航工业国际竞争力的措施，包括降低企业员工成本、提高企业品牌价值、提高资金使用效率、提高劳动效率和提高企业盈利水平五个方面，来提升中航工业国际竞争力。

通过对中航工业的国际竞争力进行对标分析，发现中航工业是一家非常有发展潜力的公司。近几年来，我国航空航天领域国际地位的不断提升，很大程度上得益于该公司的贡献。中航工业的不断发展壮大，推动着我国国际地位的提升。该公司不断与世界一流航空航天企业合作，不仅逐渐扩大了海外市场份额，而且在合作的过程中不断学习，才有了今天的地位，其不断进步是有目共睹的。

参考文献

[1] 王勤. 当代国际竞争力理论与评价体系综述 [J]. 国外社会科学, 2006 (6): 32-38.

[2] 张德平. 企业国际竞争力评价指标研究 [J]. 中国软科学, 2001 (5): 55-57.

[3] 刘一璞. 中国航空航天制造业国际竞争力研究 [J]. 科技创业月刊, 2017, 30 (21): 9-12.

[4] 何平, 陈伟, 李传云, 冯志军. 航空航天制造业竞争力构成要素及提升对策 [J]. 求索, 2017 (8): 103-108.

北京贝塔科技美国市场进入模式研究

康逸飞[1] 刘 洁[2]

(1. 北京联合大学商务学院国商1501B学生;
2. 通讯作者,指导教师)

摘 要:近年来,随着智能手机的普及,全球移动端游戏应用软件市场进入了蓬勃发展阶段,各国用户对于游戏软件的需求日益增长。在中国市场,由于腾讯、网易、阿里、新浪等大型互联网公司在游戏市场占据垄断地位,而国外市场具有较大发展空间,各中小型互联网科技企业纷纷寻求进入国外市场的机遇。本文选取北京贝塔科技公司为例,应用企业战略管理和海外市场进入模式等理论,结合企业实际和市场数据调查,通过分析美国应用市场整体的宏观环境、美国文字休闲游戏市场的行业环境以及企业自身能力,结合市场现状和公司的战略决策,提出切合企业实际情况的进入美国市场的模式为将互联网模式和贸易出口模式相结合,使贝塔科技公司能够顺利进入美国市场并开展业务,从而为贝塔科技的国际化进程建言献策。

关键词:移动端休闲游戏;美国市场;国际市场进入模式;鲁特决策模型

自2012年1月至2018年12月,全球iOS和Android软件市场总下载量高达5484.7亿次,总收入达1928.3亿美元。其中国内市场总下载量为484.9亿次,下载份额占全球的8.8%,总收入296.9亿美元,占全球总收入的15%；美国市场总下载量为784亿次，下载份额占全球的14%，总收入485.6亿美元，收入份额占全球的25%，其高下载量和占全球四分之一的收入份额，使美国市场的综合排名高居全球榜首，无人能撼动。贝塔科技公司是一家互联网科技公司，主要的业务范围是手机应用研发、游戏产品研发和跨境电商业务。本文将分别对贝塔科技公司内外部环境和美国移动端休闲游戏市场现状进行分析，并针对贝塔科技的具体情况提出建议，使其可以顺利进入美国市场开展业务。

一、文献综述

随着互联网推动着时代飞速变迁和全球经济一体化，越来越多的中小企业选择国际市场作为目标，企业的战略也越来越明确，而要想成功地进入国际市场，就要认清适合企业自身的国际市场进入模式。近年来国际市场进入模式一直是学者研究的热点，在中国知网以"国际市场进入模式"为关键词，可以查阅到共有568篇论文，从图1发文量的总体趋势中可以看出，近10年的发文量波动起伏较大，说明国际市场进入模式这一议题在被学者们反复探讨着。从图2的主题分布来看，以"国际市场进入模式"为主题的文章占了8.01%，可以直观地看出其比重还是占很大一部分的。这都说明"国际市场进入模式"是当前学术研究的重要内容。

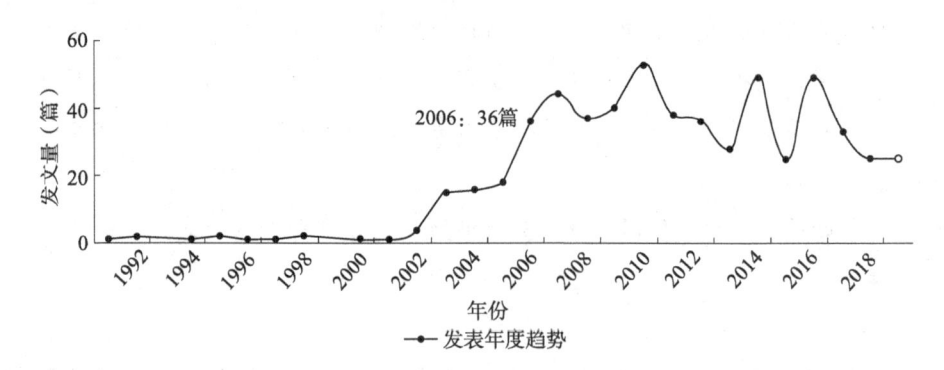

图1 以"国际市场进入模式"为关键词的论文发表年度趋势

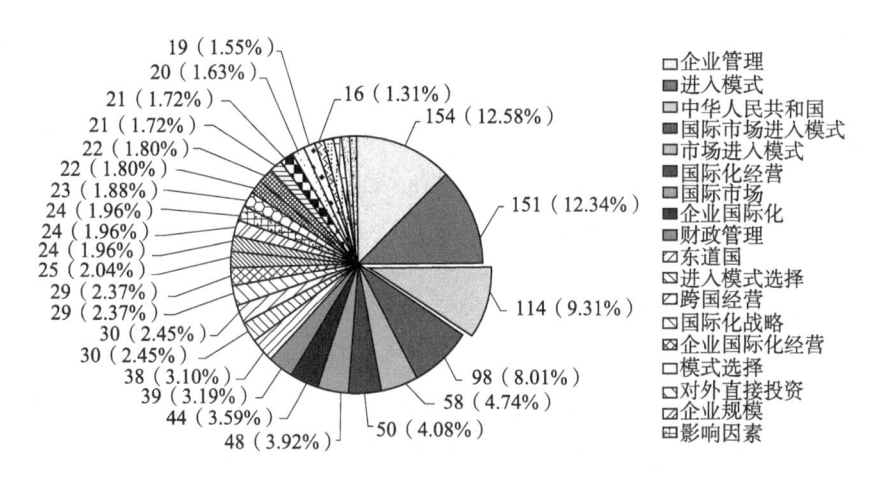

图2　以不同关键词为主题的文章的占比饼图

（一）企业进入国际市场的模式

企业进入国际市场的模式主要指参与国际经营的企业，在进入国外市场并参与到该市场的产品销售过程中可以选择的各种方式。按大体上的进入方式归纳，主要包括三类：第一是出口，即企业在国内进行生产，在国外进行销售活动，这种方式传统、简单，且风险性最低；第二是以合同进入，也称为非股权式进入，这种方式有很多不同的具体形式，对于企业来说灵活性高、实用性强；第三是企业直接对外投资，也称为股权式进入，指企业在目标市场直接进行投资，在当地进行生产并展开销售。三种不同的模式各有利弊，也可能以多种模式结合进入目标市场，需根据企业具体情况进行战略决策。

（二）国际市场进入决策模型

决策过程模型（DMP）由鲁特（1994）提出，杨等（1989）、库马尔和苏巴马尼安（1997）、潘和特斯（2000）、寇彻（2001）、艾彻和康（2002）、郝森林（2004）等学者对此进行了进一步的研究。该模型认为，进入模式的决策是多阶段的过程，需要考虑进入的目标市场、影响进入模式和决策过程的因素、目前的环境和与此相关的利润、风险和成本，最终选择合适的进入方式。

鲁特（1994）总结了影响进入决策的企业内部因素和外部因素。在企业内部因素中，主要是企业自身特征和企业的产品特征，例如企业整体规模，所处的行业状况，在国外经营的经验和技术水品等；而外部因素主要是说企业所在母国的基本环境特点和东道国的环境特点，如与东道国在文化上的差异，政府政策的不同，可能受到的管制和不同的商业从商习惯等。

（三）中小企业进入国际市场的竞争战略

在竞争激烈的市场环境下，中小型企业想要获得发展的空间，必须严格遵守国际市场经济发展的规律，在充分考虑自身实际情况的同时，根据市场的需求，不断提高自身的实力，合理地评估市场风险，发挥企业自身的优势，积极地调整企业的经营战略以及经营方式，提升自身的市场竞争力，进而实现占领市场的终极目标（李琪，张忠慧，2016）。对小企业来说，占领全部市场的目标可能过于宏大，在实际情况中更加适合企业的是要以自身情况为基础，在充分评估目标市场和经济发展规律的前提下，最大限度地利用企业产出能力，争取在市场中分得一杯羹。在中国，中小企业的经营思路经历由"资源整合"至"能力培养"、由"机会导向"至"战略导向"的发展过程。企业战略管理已处于管理领域的主导地位，许多企业更加注重企业自身战略发展，通过调研分析市场资源，结合企业竞争能力，运用周密的战略部署，创造出本企业的竞争优势（郭贝贝，孟丽军，2015）。

二、贝塔科技公司进入美国市场的外部环境分析

（一）贝塔科技公司进入美国市场的一般环境分析

在企业进入目标市场经营之前，要先对目标市场所处的宏观环境进行分析，再制订具体的经营战略，防止遗漏的宏观环境因素对于企业实际经营造成不利影响。

1. 政治环境

在2018年美国中期选举结果中，共和党维持对参议院的控制权，民主党则夺回了对众议院的控制权，美国政治生态发生新变化，而未来激烈的政治斗争可能进一步影响美国社会。美国无论哪党执政，做出的政治政策都是国家宏观调控层面的，比如近期的中美贸易战，美国商务部就禁止了

美方企业向中国电信设备制造商中兴通讯提供零部件，时间则是7年。而华为更是遭受美国联邦通信委员会的不公正待遇，被进一步限制了在美国的业务，在联邦通信委员会最新出台的意见中，将拒绝华为的所有产品接入美国主流的运营商网络中，同时也不允许美国政府和军队购买华为的设备产品。被贸易战影响的中小企业更是数不胜数，因此，美国的政治环境对于目标市场为美国的中国企业的发展具有较大影响，需要随时关注政策变化，及时制定预案和止损措施。

2. 经济环境

2018年以来，美国经济基本面依旧稳固，内生增长动力有所增强，通胀压力小幅回落，失业率维持1969年来最低，外贸规模继续扩大，但贸易逆差额创7个月新高，财政状况不容乐观，政府债务规模仍居高不下。根据美国经济分析局2018年11月28日公布的GDP增长数据，美国第三季度实际GDP年化增速为3.5%。虽然第三季度增速比第二季度下降0.7个百分点，但这种下降应该属于季节性调整。和去年同期相比，第三季度GDP增速上升了0.7个百分点，为2015年后同期最低涨幅，但仍高于市场预期值（见图3）。

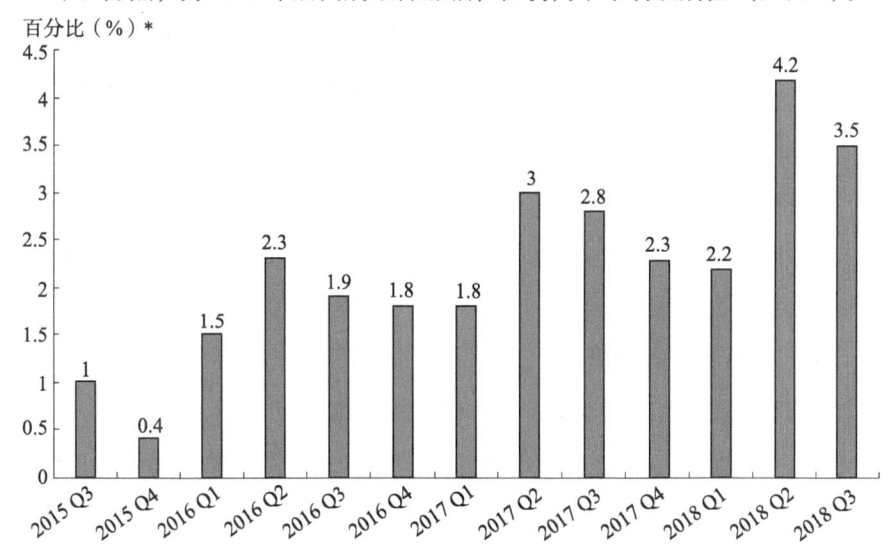

*对国内生产总值（GDP）增长率的贡献，用年率进行季节性调整。
数据来源：美国经济分析局。

图3　2015年第三季度至2018年第三季度美国GDP增长率

直到2019年贝塔科技产品进入之际，美国宏观经济仍处于上行状态，整体经济水平处于稳定状态，这对于企业的进入无疑是较为理想的状态。

3. 文化及社会环境

在游戏软件上，美国是世界第一电子游戏大国，在他们的国家文化中，将电子游戏作为文化输出的产品，承担着文化传播和教育的使命，所以现在的美国中老年人群对于游戏产品的观点并不像中国的中老年人群一样，美国人会认为游戏可以开发人的智力和大脑协作能力。

在2018年NPD Group的调查报告中，在美国有67%的美国人玩游戏，这意味着有2.1亿多的美国人是游戏玩家，其中90%的人玩手游。在美国的社会环境中，电子游戏已经如美国的社会经济一样确立了根基和框架，对于游戏的认可度高，所以也适合企业以游戏产品进入美国市场。

4. 技术环境

在全球科技体系中，美国的投资比例在1990年到2015年这段时间，从39%下降到了31%，按这种趋势发展下去，全球科技体系中美国所占的比重势必会逐渐减小，来自美国的科学突破和未来的高新技术产品都会同比减少。目标市场国家的本土科技发展速度放缓对于贝塔科技公司来说是个好消息，给了企业一个稳定的进入环境，使得其可以更稳重地进入目标市场。

（二）美国移动端游戏产业环境分析

贝塔科技要进入美国市场，首先需要了解移动端游戏产业的竞争状况，所以在这里将会先使用波特五力模型对行业环境进行分析，并根据产业具体数据情况分别进行阐述分析和未来市场的规模预测。

1. 五力模型行业分析

美国移动端游戏行业环境分析的五力模型如图4所示。

（1）消费者的议价能力：消费者的议价能力适中。根据Appannie的综合市场报告，美国市场的规模和付费量都是世界第一，且遥遥领先第二名，这都证明了美国市场的用户质量良好，有在游戏应用内部和针对游戏本身付费的习惯，且每个用户的付费量大。同时选取了市面上排名靠前的三款同品类应用，从游戏内商店的截图（见图5）可以看出，整体的游戏市场内商品价格水平稳定，在侧面也削弱了消费者的议价能力。

消费者的议价能力适中：
美国市场的用户质量好，有游戏应用内部付费习惯，且客单价高。整体市场价格水平稳定，侧面削弱了消费者的议价能力。

供应商的议价能力：
Google、Facebook 和iOS等大型平台供应商的议价能力较强，需要自身有较大的体重才可以与其有议价的能力和余地。

新进入者空间大：
移动端游戏产业市场潜力巨大，利润高，回报周期稳定，吸引着大量新进入者。

五力模型

替代产品或服务的威胁：
除了游戏以外，威胁最大的替代品是视频类应用，用户在娱乐选择上往往会在游戏和视频中做抉择。

行业现有竞争状况良好：
Funplus、Peoplefun、巨人网络等已在美国移动端游戏市场占有一定份额，但由于市场巨大，细分种类多，尚且没有一家公司拥有整合垄断的能力。

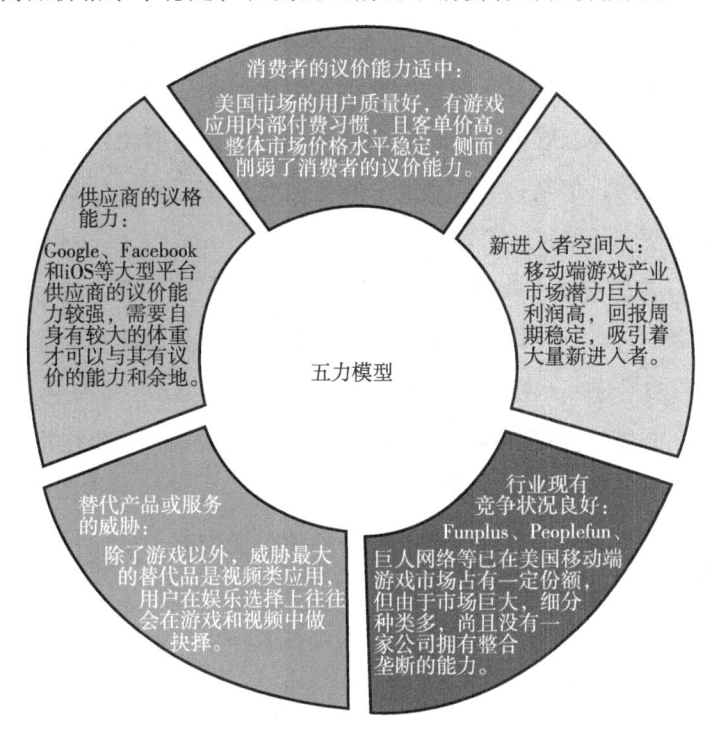

图 4　五力模型

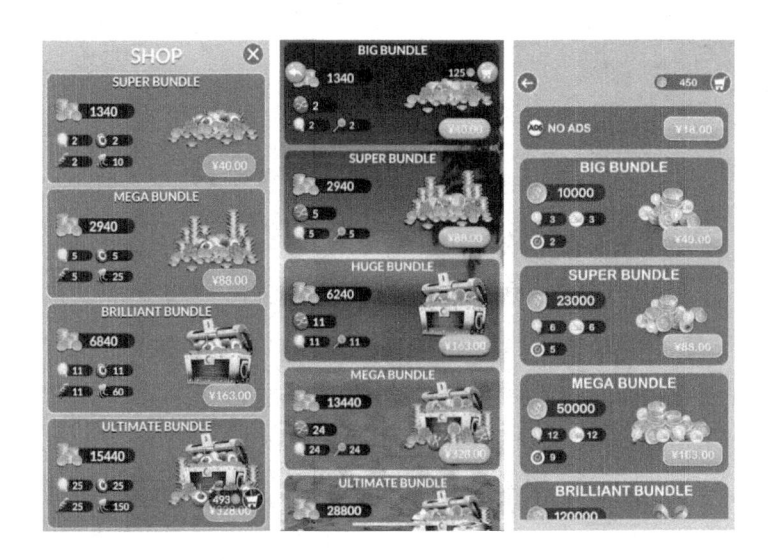

图 5　排名靠前的游戏应用内商店截图

127

（2）新进入者的空间：移动端游戏产业市场潜力巨大，利润高，回报周期稳定，吸引着大量新的中小企业进入者，这些进入者不光来自中国，而是来自全球各地，从发行商排行榜就可以看出来。目前为止，中国的百度、腾讯、阿里等互联网巨头还未染指这一市场，暂时也没有看出对此市场有规划的动向，但是这类大企业一旦进入将具有压倒性的优势，中小企业面对这类潜在的新进入者需要非常警惕。

（3）行业现有竞争状况：Funplus、Peoplefun、巨人网络等已在美国移动端游戏市场占有一定份额，但由于市场巨大，细分种类多，尚且没有一家公司拥有整合垄断的能力。根据 App Annie 报告显示，2019 年 4 月美国移动端游戏市场的公司下载排行榜里，仅有 Applovin 一家美国本土公司上榜，且没有中国公司上榜（见图 6）。这说明美国市场的游戏应用下载量不是由本土企业垄断的，来自全球各个国家的企业均有上榜，没有出现一家或多家本土企业独大的情况。

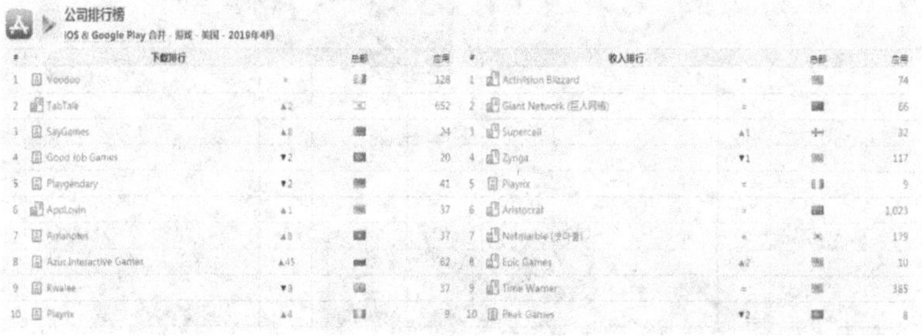
公司排行榜
iOS & Google Play 合并 · 游戏 · 美国 · 2019年4月

#	下载排行		总部	应用
1	Voodoo	=		128
2	TabTale	▲2		652
3	SayGames	▲8		24
4	Good Job Games	▼2		20
5	Playgendary	▼2		41
6	AppLovin	▲1		37
7	Amanotes	▲8		37
8	Azur Interactive Games	▲45		62
9	Rwalee	▼3		37
10	Playrix	▲4		9

#	收入排行		总部	应用
1	Activision Blizzard	=		74
2	Giant Network (巨人网络)	=		66
3	Supercell	▲1		32
4	Zynga	▼1		117
5	Playrix	=		9
6	Aristocrat	=		1,023
7	Netmarble (넷마블)	=		179
8	Epic Games	▲2		10
9	Time Warner	=		385
10	Peak Games	▼2		8

图 6　美国移动端游戏行业发行商排行榜

（4）替代品或服务的威胁：在移动端的娱乐方式上，根据 2019 年 5 月 23 日美国市场 iOS 热门应用的综合畅销排行榜分析，前十名中只有第五名、第六名、第八名和第九名四款是游戏且排名都靠后，第九名还有跌出排行榜的趋势（见图 7）。在前十名中，跟游戏类同样占据四位的是视频类应用，且有两款位居第一名和第二名，除了游戏以外最畅销的应用就是视频类应用，这也是对游戏产品威胁最大的替代品。

图7 美国市场 iOS 热门应用畅销排行榜

（5）供应商的议价能力：Google、Facebook 和 iOS 等大型平台供应商的议价能力较强，需要企业自身有较大的体量才可以与其有议价的能力和余地。这些平台供应商自身的资源和优势有着很强的不可替代性，如果想要和他们进行议价，需要开出非常好的条件，如高额的买量订单等，对于中小企业来说，很难有庞大的资金投入这里，所以中小企业面对这些平台供应商可能很难有议价的余地。

2. 移动端游戏市场结构与用户分析

自 2012 年 1 月至 2018 年 12 月，全球 iOS 和 Android 软件市场总下载量高达 5484.7 亿次，总收入达 1928.3 亿美元。美国市场总下载量为 784 亿次，下载份额占全球的 14%，总收入 485.6 亿美元，收入份额占全球的 25%。

在应用渗透率排行方面，相比其他类别的应用，移动端游戏占比更大。全球应用市场渗透数据显示，游戏类应用以 77% 的渗透率排在首位，其他依次为通信类 76%、社交类 63%、图片类 48%、购物类 23% 和约会类 4%，如图 8 所示。

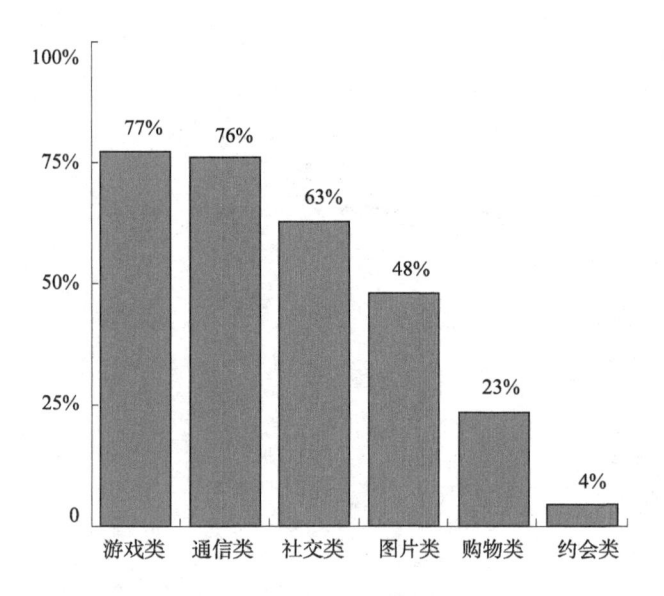

图 8 全球应用市场渗透率

在玩家用户数量分析中,亚洲玩家用户数量最多,高达29%,但欧美国家总体市场容积率却超过了全球市场的50%,说明其市场潜力更大(见图9)。而其中以美国市场首当其冲,这也是为什么选择美国市场为目标市场的原因,只要在美国市场站住脚,就可以布局整个欧美市场,扩大市场份额。

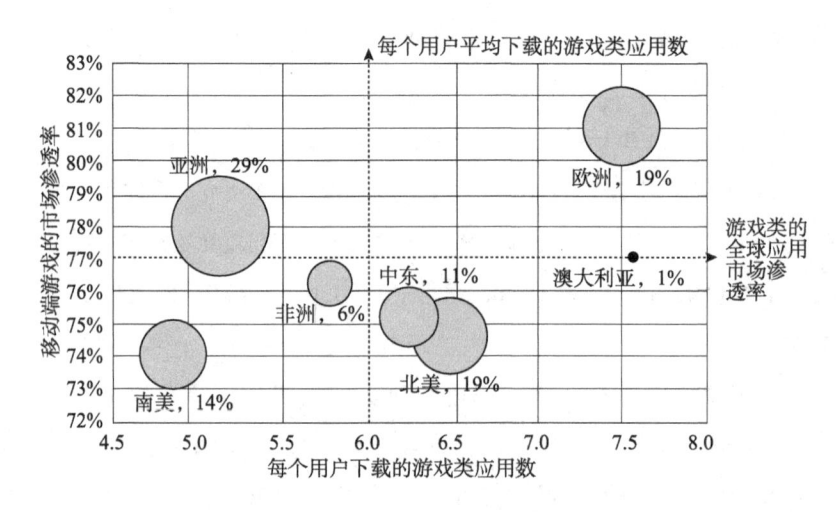

图 9 全球移动游戏用户数量分析

贝塔科技主打的是休闲游戏产品，目前该类产品在不同地区的市场渗透率如图10所示。对全球移动游戏用户来说，每个用户平均下载的游戏类应用数为6个，大约有57%的手游玩家至少下载试玩过11款游戏引用。其中休闲游戏的渗透率为47%，最受欢迎，随后的是街机（42%）、动作（28%）、竞速（25%）、智力（19%）、策略（17%）等。

休闲游戏市场渗透率

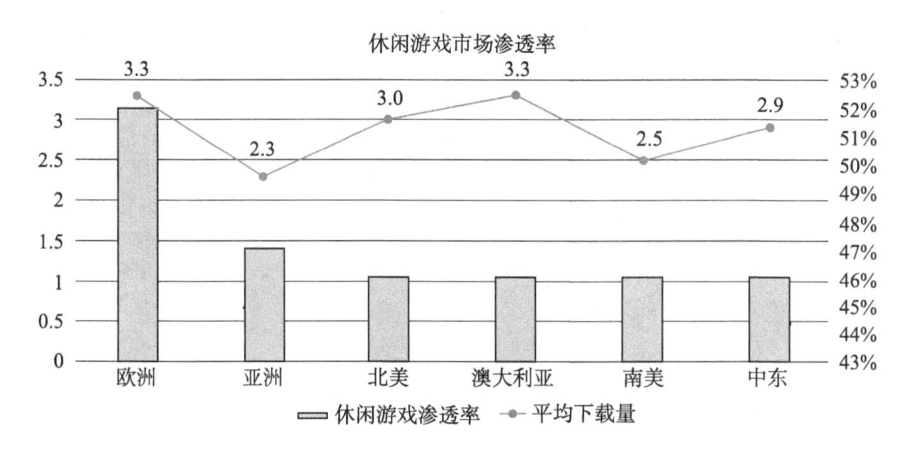

图10 不同地区休闲游戏市场渗透率

3. 美国移动端游戏市场规模分析

从2018年4月到2019年4月的数据来看，移动端游戏应用在美国市场最近这一阶段的下载量达到了48.6亿次，占到全球总下载份额的11%，113.4亿美元的收入占全球移动端游戏市场规模的25%（见图11），这足以证明美国市场依旧保持领先的地位。面对如此庞大的市场规模，贝塔科技只需要从中分一小杯羹就可以大获成功，这种成熟市场的成功经验也可以为企业在其他国家市场的扩张提供借鉴，这些经验对于中小企业来说更是弥足珍贵的，因为在其他国家的精准投放可以更快地缩短回报周期，使企业现金流循环加快，提高利润率。

4. 移动端游戏产业未来发展趋势

根据App Annie年度数据预测（见图12），在休闲游戏和重度游戏的推动下，移动游戏在2019年将实现超过所有其他游戏的增长，达到整体应用市场份额的60%。而玩法简单的超休闲游戏将推动2019年移动游戏下载量和保有量的增长，收获很大一部分非传统意义上的"游戏玩家"群体。对于这些游戏，由于每个活跃用户产生的收入相对较低，因此发行商需要通过发布具有强大吸引力和用户黏性的轻量级游戏来弥补规模的不足。总之，休闲和重度这两类游戏将持续推动2019年移动游戏规模增长。

图11 美国移动端游戏市场规模统计

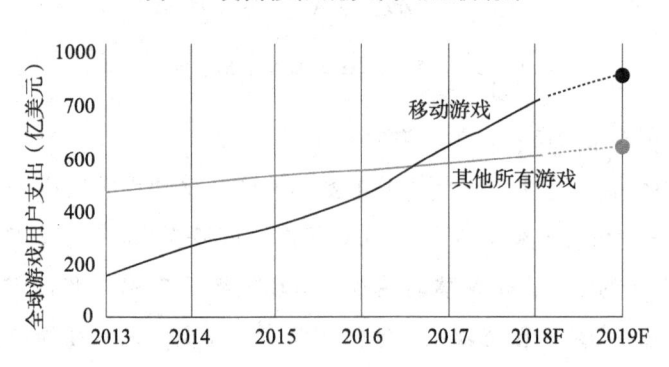

图12 全球移动游戏和其他所有游戏用户支出预测

三、贝塔科技公司内部环境分析

（一）贝塔科技公司简介

贝塔科技公司是由毕业于华中科技大学的胡志农及其校友在2012年自主创业建立的一家互联网科技公司，目前主要的业务范围是手机应用研发、游戏产品研发和跨境电商业务。现在主营的产品为轻度休闲类手机游戏，尤其在2018年，其明星产品文字拼词游戏wordcrossy取得了可观的利润和用户留存,直接使企业有了融资的资本,促使其在一年内扩大了近三倍的规模。目前公司主要战略方向为印度和北美市场,利用印度市场廉价的数据反馈来测试版本功能和游戏性,随后将成熟的产品再投入美国市场。此次进入美国市场,正是因为 wordcrossy 带来的灵感,发现了美国文字休闲类游戏的蓝海市场,同时结合贝塔科技的研发团队,专注研发移动端游戏产品,希望借此机会成功进入美国市场并借此扩张。

贝塔科技的企业价值链如图 13 所示。

图 13 贝塔科技的企业价值链

(二) 贝塔科技公司内部资源分析

1. 人力资源

在人力资源方面,截至本文定稿,贝塔科技公司共有 535 名员工,在这些员工中,包括 24 个产品设计研发团队,美术设计支持部门有 92 人,产品运营部门有 40 余人,人力资源管理和人事支持部门有 26 人,管理人员共计 35 名。值得一提的是,贝塔科技公司的产品设计团队与行业内其他公司的团队不同,因为公司需求开拓国际市场业务,而自身又不算大型企业,所以团队和企业的管理势必更为扁平化,使得公司的设计团队更具独立自主性,创造力更强,生产效率更高。贝塔科技公司员工学历比例如表 1 所示。

表 1 贝塔科技公司员工学历比例

学历	大学本科	硕士及以上	本科以下
所占比例	63.2%	10%	26.8%

数据来源:贝塔科技公司,统计截至 2019 年 3 月。

2. 技术资源

在技术方面，贝塔科技拥有庞大的研发团队，300 余人的研发人员数量占公司总人数的三分之二。在知识产权方面，当前公司拥有 31 个注册商标、14 项研发专利，同时拥有 82 款软件著作权（见图 14），并且随时可以发布正式版本进入市场。截至 2019 年 5 月，公司同步研发的新产品高达 31 个，且还在不断扩张研发团队，始终保持强大的研发能力和高质量的产品，可以及时修正和更新产品。

软件著作权 82 个　　　　　　　　　　　　　　　　　　　　来源：天眼查

序号	批准日期	软件全称	软件简称	登记号	分类号	版本号	操作
1	2019-02-18	Townest: Alfred's Adventure益智消除经营类游戏软件系统（iOS版）	Townest: Alfred's Adventure（iOS版）	2019SR0148684	30200-0000	V1.0.246	详情
2	2019-02-18	Word crush文字益智类游戏软件系统（Android版）	Word crush（Android版）	2019SR0148669	30200-0000	V1.0	详情
3	2019-01-24	Wordtopia字谜乐园益智游戏软件系统（IOS版）	Wordtopia（IOS版）	2019SR0085063	30200-0000	V1.2	详情
4	2019-01-24	Wordtopia字谜乐园益智游戏软件系统（Android版）	Wordtopia（Android版）	2019SR0088235	30200-0000	V1.2	详情
5	2018-12-04	Antivirus&cleaner手机杀毒清理软件（Android版）	Antivirus&cleaner（Android版）	2018SR972275	30200-0000	V1.0	详情

专利信息 14 个　　　　　　　　　　　　　　　　　　　　来源：天眼查

序号	申请公布日	专利名称	申请号	申请公布号	专利类型	操作
6	2017-02-22	一种图像双重曝光融合方法及装置	CN201610793954.1	CN106447642A	发明专利	详情
7	2017-02-22	牙齿识别方法、装置及系统	CN201610797974.6	CN106446800A	发明专利	详情
8	2017-02-15	人脸识别方法、装置及系统	CN201610794770.7	CN106407909A	发明专利	详情
9	2017-02-01	眼球中心定位方法、装置及系统	CN201610799050.X	CN106373155A	发明专利	详情
10	2017-02-01	一种视频制作方法及装置	CN201610791812.1	CN106373170A	发明专利	详情

图 14　贝塔科技软件著作权及专利信息

这些技术资源都足以保证贝塔科技在同品类的中小企业中处于佼佼者的地位，美国本土公司对于移动端文字休闲类游戏产品也大多处于尝试和萌芽阶段，所以贝塔科技进入美国市场的前景可以说是一片光明。

（三）贝塔科技公司内部能力分析

1. 产品研发能力

贝塔科技有经验丰富且处于行业一流水平的研发和运营团队，在工程代码和美术资源上可以实现有效的整合，还可以高效地进行新资源储备创作，并在现有的资源基础上进行创新。公司年轻人带着新颖的游戏创意可以和经验丰富的管理人员充分沟通交流，使得无论新旧游戏产品都可以给用户带来更好更新的游戏体验。更重要的是从数据上来看，贝塔科技的一个新产品从立项到可以上线一般只需要 2~3 个月，这在整个行业内都是一个较高的执行水准。

2. 人力资源管理能力

贝塔科技在人力资源管理上有着非常明确的管理架构和资源调配制度，在公司内部与产品相关的职能部门架构主要包括制作人和策划、程序、美术等核心研发团队。研发团队在产品研发过程中如果需要大批量的美术资源，则由美术设计中心提供人员和资源支持；在产品成型的投放阶段，则由产品运营部门负责营销支持，包括具体的投放平台协调、投放量和投放价格计算、投放周期等都将由产品运营部门人员和研发团队的制作人共同商定调整（见图 15）。

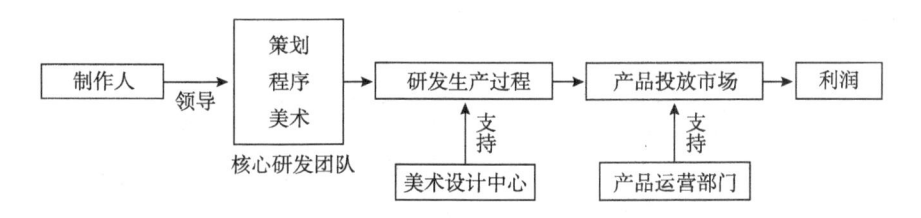

图 15　贝塔科技产品研发过程中人力资源调配结构

3. 技术管理能力

贝塔科技拥有 24 个集研发与生产一体的团队，扁平化的管理使得产品的产出高效且响应快速。每个团队的技术管理人员均有 5 年以上从业经历和成功产品的代码编写经验，并且要求该技术管理人员在自身高技术水平的基础上，可以带领自己所管理的技术人员高效地完成程序设计任务。技术管理人员还需要在程序架构上把握设计的大方向，保证产品技术架构稳定，对于手下每个技术人员的职责任务和目标加以明确，每周定期检查工作进度。

通过这种高水平的技术管理，使得每个团队在代码工程上不仅可以同时进行1~2个项目开发制作，还可以随时快速处理线上产品所反馈回来的问题和各类突发事件。

4. 产品竞争能力

以贝塔科技公司目前的 wordcrossy 产品为例。在价格上，其产品商店金币内购价格与目前市场上的美国本土竞品 wordscapes 比例一致，均维持在约230金币/6美元的价格水平（见图16、图17），这也是市面上比较通用的价格标准。在金币商品上，贝塔科技采用一贯的价格标准化战略，这是比较稳妥的，对于产品竞争力来讲也是最保险的战略。在这一基础上，对于商店内的礼包价格实行差异化战略，通过价格比例计算，wordcrossy 的礼包价格要比竞品的礼包价格在同比例下低15%，且单个礼包的最低价格还不到竞品的三分之一，对于用户来说更有吸引力，这也是在价格上贝塔科技公司产品的竞争力所在。在标准化价格的基础上，针对特殊商品进行差异化价格定制，在不破坏行业潜规则的前提下，提高产品价格竞争力。

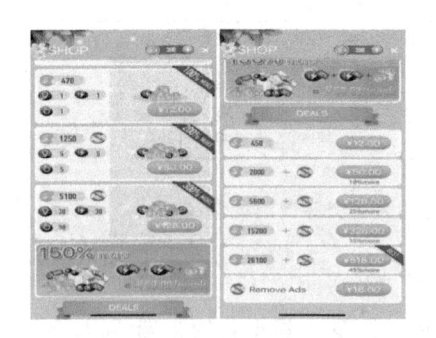

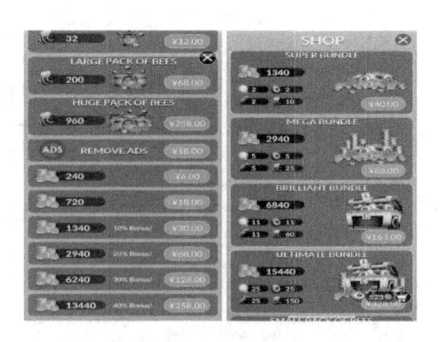

图16　贝塔科技产品商店内价格　　图17　美国 PeopleFun 公司产品商店内价格

在产品质量上，贝塔科技公司的所有产品必须达到标准化的质量水平，才能通过公司内部的审核。具体包括符合市场优秀标准的60帧游戏画面和操作互动，产品使用手感，美术画面 UI 及动效等。这些质量都是通过与市场上优秀的竞品进行对比，总结出来的考核内容，只有通过市场优秀水平线的标准化产品，才被认定为具有产品竞争力。

5. 市场营销能力

贝塔科技的市场营销主要由产品运营部门负责，通过调整在各个平台间的投放渠道、用户性质、投放数量来保证产品的盈利。以公司某款产品为例，从 1 月 13 日开始进行投放，截至 3 月 26 日，通过两个半月的产品运营，使得该产品的 ROI（支出回收比）开始达到 55.30%，截至 4 月 15 日产品的 ROI 达到 107%（见图 18），即通过 3 个月的运营和期间的产品调整，使得该产品正式进入盈利阶段。这一周期长度处于行业内的上游水平，也表明该企业的市场营销能力可以支持其进入美国市场。

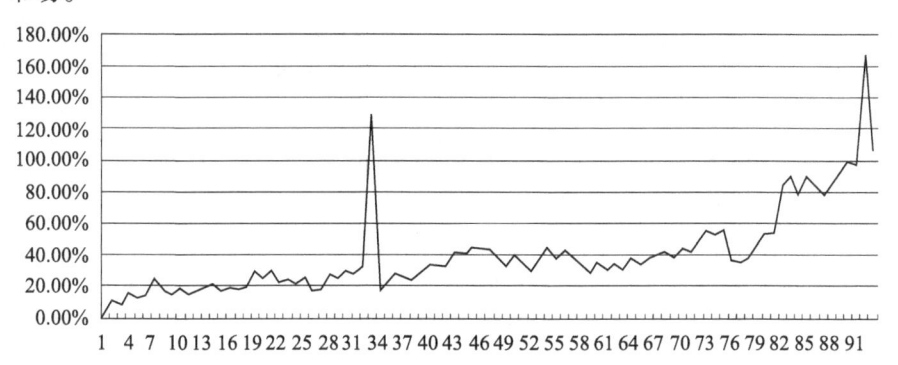

图 18　某产品 91 天内的 ROI

第 33 天的数据异常点是由于 Facebook 账户出问题，没有支出消耗；第 92 天的数据异常点是由于账户余额出错，后续恢复正常。

四、贝塔科技美国市场进入战略与模式选择

（一）SWOT 分析与战略选择

根据前面分析出的影响因素，将这些内外部影响因素的优势、劣势、机会和威胁总结到 SWOT 分析框架中，从而得出分析结论，见表 2。

表2 贝塔科技公司SWOT分析

内部 / 外部	优势（S） 1. 研发能力强，技术先进。 2. 成熟的制作流水线。 3. 产品质量高，符合用户需求	劣势（W） 1. 缺乏海外产品运营管理经验。 2. 品牌知名度低。 3. 缺少国际员工
机会（O） 1. 移动端休闲游戏市场处于茁壮成长阶段。 2. 市场不饱和。 3. 文字类游戏尚处于"蓝海"阶段。 4. 同类垄断型企业少。 5. 产品工程代码研发经验丰富。 6. 美国移动端休闲游戏市场分类细致，用户质量高	SO战略 充分利用移动端休闲市场茁壮成长这一阶段；运转自身成熟的制作流水线，从产品产出量上率先抢占市场；抓住美国移动端休闲游戏市场分类细致的特点，针对每一分类进行区别于其他产品的优化，采用差异化战略，区分与其他同细分品类下的竞品，符合美国高质量用户的需求	WO战略 寻求美国本土合作平台，借助平台知名度展示产品，以提高品牌知识度；深度研究海外产品运营管理，争取做到同类型企业中的佼佼者；招聘国际人才
威胁（T） 1. 中美文化差异较大，做出的游戏产品文化上会有欠缺。 2. 存在美国本土竞争者。 3. 始终需要依靠谷歌和脸书等平台合作	ST战略 区分于竞争者迅速占领一个细分市场；加强研发与创新	WT战略 避免和美国本土强大的企业竞争；和谷歌等平台形成长期良好的合作关系

根据以上SWOT分析，贝塔科技公司想要进入美国移动端休闲游戏市场，还是要基于企业内部自身的技术资源，利用高效的产品研发能力和成熟的制作能力，同时满足高质量用户群体的需求，抓住目标市场的空隙，抢占市场份额。但也要在一定程度上避免和美国本土强大的同行业企业产生过多竞争，并且和Google、Facebook一类大平台形成长期良好的合作关系。根据这一结论，下文将具体分析贝塔科技公司进入美国市场的决策模型，得出最适合企业的进入模式。

（二）进入模式决策模型

企业在跨国经营的过程中，往往会受到多方面因素的影响，在各种因素的干扰下，能否成功开拓海外业务进入目标国市场，企业国际市场进入模式的选择就成为了进入市场前最重要的一步。在本文中将选用鲁特的进入模式决策模型（见图19），针对贝塔科技的实际情况进行进入模式的分析，并阐述适合贝塔科技进入美国移动端休闲游戏市场的模式和建议。

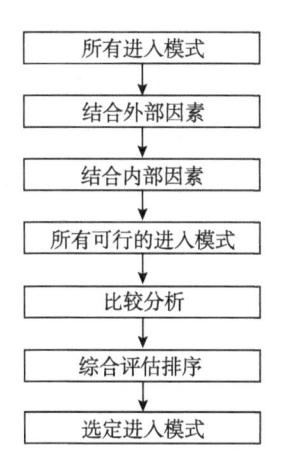

图19 鲁特的进入模式决策模型

1. 国际市场进入方式可行性筛选

根据前面企业国际市场进入模式的相关文献和理论综述，贝塔科技公司对于美国市场的进入模式有5种，分别为传统的贸易出口、许可经营、合资经营、独资经营/收购和新兴的互联网模式，以下将对这5种方式进行比较分析。

首先是分析进入市场的内部和外部因素，并筛选出较可行的进入模式。这里将一些受内外部因素影响较大的模式排除在外。以下根据前面的内外部环境分析，提取主要影响因素进行综合评分。内、外部两大项分别占比50%，按每项因素的权重分别进行评分，权重分配由贝塔科技一位行业资深制作人给出，并按照因素对进入模式的有利程度划分如下：不利1分，较不利2分，适中3分，较有利4分，非常有利5分。邀请该制作人和一位资深游戏应用策划打分，最后将两部分的得分汇总取平均值计算，3分以上（包含3分）选为可接受的模式。

单看外部因素，贝塔科技进入美国市场所面临的政策风险适中，因为自身的资源支持,生产成本也较有优势,而且目标细分市场的需求也较大,会使得产品的生存环境高于预期。虽然中美文化的差异体现在产品上可能会产生一些负面的影响,但部分模式依旧拥有防止这些不利因素带来影响的能力。

分析表3可以得出结论,收购和互联网两种方式得分高于3分,仅从外部环境来看选择这两种进入模式比较有利。贸易出口、许可经营与合资经营三种模式因受外部因素影响较不利,在此环节得分较低。

表3 外部因素对进入模式影响分析

外部分析(50%)					
外部因素	进入模式				
	贸易出口	许可经营	合资经营	收购	互联网
政策风险(15%)	3	3	2	4	3
地理距离(10%)	1.5	2	2	4	5
汇率影响(15%)	3	3	3	2.5	3
技术资源(10%)	3	2.5	2	3	5
营销渠道(10%)	4	3.5	3.5	4.5	4
市场空间(10%)	4	2	2.5	4	4
竞争程度(10%)	4.5	3	3	4	3
文化差异(10%)	3	4	4	4	3
壁垒影响(10%)	3	3	4	3	4
合计	3.2	2.9	2.85	3.65	3.7

结合内部因素,分析表4,贝塔科技公司更偏向于研发能力和可以进行规模化产出的产品。在这一情境下,企业的核心竞争力主要是规模化生产和成熟的产品研发链,再结合贝塔科技的实际情况,如果采用许可经营或者合资经营这两种进入模式,就会因为距离过远的情况,失去对产品的有效把控,更会丧失在本土的规模化生产链,除此以外也没法进行有效的人力资源管理调配和技术资源分享。这两种模式在综合方面评比得分低于3分,不被选择。相比之下,互联网模式在内部分析中获得了非常高的分数,对贝塔科技这种科技型企业,贸易出口与收购两种传统模式表现也很

好，所以在内部分析打分环节依旧是这三种模式获得了青睐。

表4 内部因素对进入模式影响分析

贝塔科技 企业因素	内部分析（50%）					
	进入模式				
	贸易出口	许可经营	合资经营	收购	互联网
研发能力（20%）	4	2.5	3	3	4
产出规模（10%）	4	3	2	3	4
人力资源管理（10%）	3.5	1	3	2.5	5
技术资源（10%）	3	2.5	3	3	4
专业技能（10%）	3	3	4	3	4
差异化（10%）	3	3	3	3	4
标准化（10%）	4	3	3	3	4
营销能力（10%）	4	3	3	4.5	3.5
国际经验（10%）	2.5	4	3	2	3.5
合计	3.5	2.7	2.9	3.0	4.0

2. 综合比较分析

在综合内外部因素后，可以得出在不同进入模式下，各种因素对进入模式选择影响的一些结论。在参与评分的贸易出口、许可经营、合资经营、收购和互联网5种进入模式下，最传统的贸易出口进入优势比较明显，在这种模式下，企业会更重视营销渠道、产出规模和产品的竞争强度，但同时无法避免由于地理距离造成成本高昂，且技术资源、专业技能无法发挥；许可经营与合资经营最明显的优势就是体现在产品上的文化差异小，但通过评分不难看出，企业的综合竞争力不够在美国市场立足；收购的优势在于其营销渠道可以直接使用收购企业已有的成熟渠道，但是对于贝塔科技这种中小企业来说，收购所需要的庞大资金支持是无法达成的硬性条件；而新兴的互联网进入模式则最大限度消除了国际市场的地理距离界限，使得贝塔科技可以充分发挥企业技术资源和研发制作产品的产业链，但同时这种模式没有传统的贸易出口模式更重视当地竞争程度和营销渠道。几种模式各有特点和优劣势（见表5），所以最终选取哪种进入模式还需要进一步考量。

表5 比较分析的关键结论

进入模式	优势	劣势
贸易出口	重视营销渠道、目标市场竞争程度和企业自身产出规模	地理距离成本高；企业自身技术资源和专业技术无法完全发挥
许可经营/合资经营	文化差异最小	企业整体竞争力不足
收购	营销渠道最优	资金要求庞大
互联网	地理界限小；产品反馈时效性强；企业自身能力好发挥	不够重视目标市场竞争；营销渠道不稳定

（三）进入模式选择

通过以上内外部环境因素对企业进入模式的影响分析，可以得出结论，按照打分由高到低顺序排列，依次是互联网进入→贸易出口进入→合资经营进入→收购进入→许可经营进入（见表6）。按照此打分表的排序，那么最适合贝塔科技的将是以互联网模式来进入美国市场。

表6 各进入模式内外部因素综合得分

模式	综合得分		总计
	外部分析（50%）	内部分析（50%）	
贸易出口	3.2	3.5	3.35
许可经营	2.9	2.7	2.8
合资经营	2.85	2.9	2.875
收购	2.65	3.0	2.825
互联网	3.8	4.0	3.9

反观贸易出口进入模式，虽然在打分上没有互联网模式突出，但是也高于其他模式的综合得分，而且这种传统的进入模式是有据可循、比较稳定的。在通过与贝塔科技的资深独立制作人深度交流后，双方都更认可一

种新的思路,即贸易出口和互联网相结合,两种模式借鉴融合,形成最适合贝塔科技本身的具体方案。互联网进入模式有着非常明显的优势,它可以最大限度地消除地理距离带来的影响,其连锁反应就是可以最大限度地在本土就发挥出企业自身的技术资源和人力资源,以及随时抢占市场空间的反应速度;但它的缺点也很明显,比如没有贸易出口进入模式下的企业竞争强度和营销渠道。将两者相融合,取长补短后,我们得出如下结论。

(1) 在互联网模式下充分利用企业资源,不间断运转自身产品制作线。

(2) 重视贸易出口进入模式下的企业竞争强度,增加对竞品的分析和针对性调整。

(3) 与谷歌、Facebook、苹果一类平台合作,扩展营销渠道。

许可经营与合资经营两种进入模式的得分不高,虽然在文化差异上有一定优势,但综合分析下来不足以使贝塔科技有足够的竞争力在美国市场站住脚,尤其是在企业技术资源和研发规模上都难以形成优势,所以无法选择这两种模式。

收购模式从实际情况来看所需要的时间过长,会让贝塔科技轻易错过移动端休闲游戏市场的空隙,因为这种"蓝海"市场往往是转瞬即逝,谁站住脚谁就能生存下去,收购无法满足产品快速进入美国市场的需求。最重要的一点就是,虽然收购过后经营中的打分很高,但是收购这一事件本身会带来一定的风险,这种风险是贝塔科技这类中小企业无法承担的,也是投资人无法认可的,所以不得不放弃这种模式。

在以互联网进入模式为主的情况下,融入部分传统的贸易出口进入模式,使其更符合企业战略需求,为企业进入美国市场的模式提供更具体的参考,争取早日成功进入美国市场。

五、结　论

贝塔科技公司目前拥有进入美国移动端休闲游戏市场最好的机会。通过以上分析不难看出,贝塔科技公司面临的内部、外部环境都较为稳定,对于适合产品的引进路径还是比较顺畅的。特别是贝塔科技公司的研发团队、制作链和支持部门都比较成熟，它的企业竞争力和产品水平在美国市场的整体平均水平线之上，且上面提到的公司的整体价值链完整健康，在此国际市场进入模式下具有进入美国市场的能力。

本文重点从企业国际市场进入模式方面为贝塔科技公司进入美国市场的模式选择提出建议。贝塔科技在此前已经有过一款海外产品wordcrossy，虽然那一次的尝试比较盲目，但最终在一定运气因素下获得了成功。作为中小企业，有了一次成功就要及时总结经验，从中求变，保持领先于同行业企业的步伐。因为企业自身规模不大，所以在选择国际市场进入模式时，需要拿出自己的核心竞争力，时刻保持自己的优势。通过对外部环境和内部环境进行分析，运用鲁特的进入模式决策模型对贝塔科技不同的进入模式进行比较，并且和企业高层共同深入讨论研究后，本文得出更贴合贝塔科技实际的以互联网进入模式为主，同时融合贸易出口的进入模式。另外，要做长远规划，及时在本土寻求新的融资，以扩大企业规模。相信在更实际的进入模式和健康的企业价值链下，贝塔科技一定能进入美国市场，获得一席之地。

参考文献

[1] 贡云鹏．跨国公司进入方式选择分析与策略［J］．商情，2017（31）：45－46.

[2] 温胜利．企业开拓国际市场的做法与经验［J］．企业改革与管理，2015（16）：97－98.

[3] 朱劲，罗健．企业跨国经营之方式选择［J］．环球市场信息导报，2014（1）：47－48.

[4] 宋砚清，孙卫东．中小企业国际市场进入模式选择分析［J］．科技研究，2013，33（6）：105－110.

[5] 桂檬，朱建林，李怡霏．企业海外市场进入模式选择影响因素前沿述评与展望［J］．现代管理科学，2017（8）：54－56.

[6] 李琪，张忠慧．试论中小企业如何开拓国际市场［J］．中国商论，2016（3）：4－6.

[7] 韩欣达．中国游戏产业海外并购研究［D］．北京：北京邮电大学，2018.

[8] 李楚墨，马佛栋．浅议中国游戏产业的现状与前景［J］．时代金融，2018（12）：

264，272.

[9] 雷扬. 我国游戏产业发展现状及对策研究 [D]. 大连：大连工业大学，2015.

[10] 李雷，吴珈逸，刘建华，席雅坤. 我国手机游戏行业发展现状及对策研究 [J]. 华北水利水电大学学报（社会科学版），2017，33（3）：72－75.

[11] 陈艳. 中国与主要发达国家移动游戏产业的比较研究 [D]. 北京：对外经济贸易大学，2015.

[12] 陈怀超，陈安. 跨国公司国际市场进入模式的理论梳理与评析 [J]. 未来与发展，2014，36（3）：20－25，100.

[13] 张夏. 通宇通讯国际化进入模式分析 [J]. 中国战略新兴产业，2018（16）：58.

[14] 朱怡然. 我国企业国际市场进入模式选择决定因素的实证分析 [J]. 未来与发展，2018，42（4）：41－45.

[15] 张格格. 中国手机游戏的发展与建议 [J]. 市场周刊（理论研究），2017（10）：33－34.

[16] 陈希其. 中国网络游戏产业出口现状及对策研究 [D]. 济南：山东师范大学，2014.

[17] 郑亭. 中国网游企业国际市场进入模式选择策略与绩效分析 [D]. 成都：西南财经大学，2016.

[18] 吴晓波，白旭波，常晓然. 中国企业国际市场进入模式选择研究——多重制度环境下的资源视角 [J]. 浙江大学学报（人文社会科学版），2016，46（6）：145－161.

[19] 朱怡然. 我国后发企业国际市场进入模式选择的研究 [J]. 新经济，2016（24）：3－4.

[20] 毕甫清. 论中小企业国际市场拓展策略 [J]. 现代商贸工业，2018（39）：29－30.

[21] 韩娜. QF集团在北美市场的自有品牌战略研究 [D]. 南京：南京大学，2017.

[22] 高振，江若尘. 基于霍特林模型的跨国公司国际市场进入模式决策研究 [J]. 财经理论研究，2017（3）：92－100.

[23] 孟祥燕. 我国中小企业国际创业模式选择研究 [D]. 焦作：河南理工大学，2015.

[24] 熊勇清，刘霞. 新兴产业进入国际市场的决策分析模型及其应用 [J]. 软科学，2016，30（5）：11－16.

[25] Mahfuzur Rahman, Moshfique Uddin, George Lodorfos. Barriers to enter in foreign markets: evidence from SMEs in emerging market. International Marketing Review, 2017, Vol. 34 Issue: 1, pp. 68 – 86.

[26] Pushyarag N. Puthusserry, Zaheer Khan, Peter Rodgers. International new ventures market expansion through collaborative entry modes: A study of the experience of Indian and British ICT firms. International Marketing Review, 2018, Vol. 35 Issue: 6, pp. 890 – 913.

[27] Bullard W. R. A Model of Marketing Strategy for Export Trading Companies. In: Hawes J. (eds) Proceedings of the 1989 Academy of Marketing Science (AMS) Annual Conference. Developments in Marketing Science: Proceedings of the Academy of Marketing Science. 2015.

[28] Susanne Sandberg. Emerging market entry node pattern and experiential knowledge of small and medium - sized enterprises. International Marketing Review, 2013, Vol. 30 Issue: 2, pp. 106 – 129.

维京游轮在华竞争战略研究

任泽宇[1] 刘 洁[2]

(1. 北京联合大学商务学院国商1501B学生;
2. 通讯作者,指导教师)

摘 要:维京游轮作为刚刚进入中国市场三年的国际邮轮公司,目前还处于快速发展的阶段。要想在竞争激烈的中国邮轮市场持续不断发展、扩大业务并获得更高的市场份额,就需要制定能够应对竞争对手威胁和适应公司未来发展需要的竞争战略。本文以迈克尔·波特的竞争战略理论为基础,对维京游轮在华竞争战略进行研究。论文将首先论述对维京游轮竞争战略研究的背景和意义,并对相关国内外研究现状进行分析总结;随后采用PEST、波特五力模型和外部因素评价矩阵对维京游轮目前所处的外部竞争环境(包括宏观环境和行业竞争环境)进行整体分析,并对其经营现状、公司能力等内部环境进行分析;在经过系统分析后运用SWOT分析矩阵,综合评价维京游轮各方面的能力,制订出竞争战略选择方案。最终确定维京游轮应继续推行和完善差异化战略,同时以专一化战略为辅助战略,通过两种竞争战略的结合,帮助其在竞争激烈的市场中更好地发展。

关键词:维京游轮;邮轮旅游;中国邮轮市场;竞争战略

随着我国社会经济的高速发展和人均可支配收入的不断增加,人们的生活水平不断提高,对于旅游消费的需求也日益高涨。近年来,邮轮旅游受到国人的广泛关注，因为它集酒店和娱乐方式为一体，能够很好契合人们对休闲旅游和度假的需要。维京游轮是一家在国际上备受赞誉和荣膺众多重量级国际游轮奖项的游轮企业，在正式进入中国市场的短短三年内扩大了知名度，获得了旅客的广泛认可。作为一家刚刚进入中国市场的公司，如果无法做到全面、透彻地了解中国邮轮市场的运行现状以及其他竞争者的情况，就很难正确地制定适合企业目前状况和未来发展需要的竞争战略。本文以维京游轮为研究对象，通过分析中国邮轮行业的宏观环境和市场环境、目前已有的竞争对手的业务情况、公司目前的内部环境和在中国市场的经营销售情况，为公司在华经营提出适合的竞争战略方案，提高其在中国市场的竞争力，为未来继续扩大业务范围、持续发展提供参考。

一、文献综述

目前国内学者在对竞争战略的研究方面已经取得了不少成果。对竞争战略进行的研究主要是基于美国经济学家迈克尔·波特所提出的竞争战略理论所开展的。这些研究成果对于企业发展来说都至关重要。一些学者还对中国邮轮行业市场现状进行了相关的调查和研究。

（一）国内研究现状

1. 竞争战略理论研究

刘小琛、张紫琪（2018）认为竞争战略是指企业在运营和发展的过程中，通过采取一系列的竞争手段、方式和方法来更好地加强企业的市场竞争力，尤其是核心竞争力水平的一系列活动与策略的总称。白杨（2018）谈到企业竞争战略是指企业在总体战略规划的引领下，指导和管理企业的计划和行动，确定企业的产品在市场上拥有并维持特殊地位，以实现企业的长远性发展。

张捷（2017）提出当一个企业在制定自身竞争战略的时候，需要尽量选择朝阳产业，另外还要科学地确定企业本身在该行业中所处的竞争地位。企业需要对所处行业内部的结构情况和竞争环境进行细致入微的分析，从而制定适合自身实际需要的竞争战略。王晓飞（2018）提到制定企业竞争战略需要适应外部环境和内部能力条件，结合企业的现实状况分析，对未来发展情况做出科学的预测和判断，整合各方资源，挖掘企业潜力，提高资源利用率，使企业在市场竞争中始终立于不败之地。

2. 中国邮轮行业市场现状研究

陈文杰（2014）提出中国国家政策的支持、经济的发展和邮轮港口基础设施的不断完善对于中国邮轮行业的发展起到了推动和促进作用；严格的签证和口岸管理制度，以及人们旅游观念、生活习惯和消费理念的滞后，在一定程度上制约了行业的发展速度和水平。

钱茜露（2018）提到中国市场独有的节假日和季节性使旅游产品高度同质化、价格需求弹性极高，导致市场供大于求，不利于邮轮旅游产业的可持续发展。目前一些大型国际邮轮企业正逐步调整其在中国市场的布局，甚至将一些业务撤出中国市场。这在一定程度上严重影响了我国邮轮旅游市场的健康发展，产生了较大的负面影响。

（二）国外研究现状

本文在国外研究现状文献方面选择参考的是学者们对企业竞争战略选择研究的内容，以及在国际会议中学者对中国邮轮行业市场行业现状的分析。

1. 企业竞争战略的选择

Amit Mehra，Subodha Kumar，Jagmohan S. Raju（2017）为受到网络购物冲击的实体店铺提出了两个竞争战略的解决方案：价格匹配定价战略，通过这个战略使得实体店铺中商品价格更加能够被消费者接受，在一定程度上也可以使实体商店更加具有吸引力；另外通过独家产品策略，为顾客提供网络购物无法提供的独家产品，吸引顾客光临实体店铺。

Kum Fai Yuen，Vinh V. Thai，Yiik Diew Wong（2017）为航运公司提出了两种可以采用的竞争战略来配置其能力或价值链活动，帮助其在海运领域进行竞争：一是低成本战略，二是差异化战略。尽管这两种战略都很重要，都应该由企业实施，但是应该有一种战略优先于另一种而被采用。

2. 中国邮轮行业市场现状

Yan Yin，Yiyang Liu（2017）说到全球邮轮市场保持快速增长，而中国市场的增长尤其引人注目。作者利用相关数据展示出了中国邮轮市场的发展变化，同时提到随着中国邮轮旅游市场的日益普及，以及国家和地方政策的出台和实施，越来越多的中国企业开始涉足邮轮旅行业务，邮轮行业价值得到了明显的提升，溢出效应明显。

Chen Li（2017）提到自2006年初以来，十年间中国的邮轮行业成为了世界邮轮行业的焦点。世界四大游轮集团继续关注重视中国市场，参与邮轮旅行的旅客人数近年来创下历史新高。同时列出了相关数据，能够清楚地反映出中国邮轮旅游市场处在快速增长阶段。

上述文献主要涉及了国内外学者对竞争战略理论和中国邮轮行业市场现状这两个方面研究的成果。综上所述，基于不同的公司类别、规模、性质、所涉及的行业，其所适用的企业竞争战略也不尽相同。通过以上文献研究内容可以了解到，为一家企业尤其是国际企业制定适合的竞争战略是一个极为复杂的过程，不仅需要充分了解和熟知所处行业及竞争对手的信息和现状，还需要对自身的情况和优势形成清晰的认知，从而结合企业目前和未来发展需要制定相对应的企业竞争战略。

二、维京游轮外部环境分析

（一）外部宏观环境分析

1. 政治环境

我国国内政治环境长期保持稳定。近些年来，我国政府部门十分重视邮轮经济的发展，相继出台了一系列政策对邮轮产业予以规范和推动。这为邮轮产业在我国的发展创造了良好的国内环境，能够促进邮轮旅游产业的发展。

然而，由于目前我国护照的便利程度和通达性较差，这在较大程度上制约了邮轮旅游市场在中国的发展。

2. 经济环境

表1 2017年和2018年31个省、自治区、直辖市的人均GDP

省份	2018年人均GDP			2017年人均GDP		
	名次	本币	美元	名次	本币	美元
北京	1	140211	21188	1	129000	19106
上海	2	134982	20398	2	126714	18767
天津	3	120817	18257	3	119323	17673
江苏	4	115168	17404	4	107506	15923
浙江	5	98643	14907	5	93033	13779
福建	6	91197	13781	6	83449	12360
广东	7	86412	13058	7	82118	12162
山东	8	76267	11525	8	73391	10870
内蒙古	9	68302	10322	10	63986	9477
湖北	10	66616	10067	11	60455	8954
重庆	11	65926	9963	9	64055	9487
陕西	12	63477	9593	12	57587	8529
辽宁	13	58008	8766	14	53445	7916
吉林	14	55474	8383	13	54479	8069
宁夏	15	54094	8175	15	51290	7596
湖南	16	52948	8001	16	49839	7382
海南	17	51955	7851	17	48826	7231
河南	18	50152	7579	18	46867	6941
新疆	19	49416	7468	19	45741	6775
四川	20	48883	7387	21	44917	6653
河北	21	47772	7219	20	45675	6765
安徽	22	47712	7210	23	43792	6486
青海	23	47690	7207	22	44418	6579
江西	24	47410	7164	24	43692	6471
山西	25	45328	6850	25	42279	6262

续表

省份	2018年人均GDP			2017年人均GDP		
	名次	本币	美元	名次	本币	美元
西藏	26	43433	6564	27	40058	5933
黑龙江	27	43185	6526	26	41788	6189
广西	28	41489	6270	28	38454	5695
贵州	29	41244	6233	29	38224	5661
云南	30	37132	5611	30	34221	5068
甘肃	31	31336	4735	31	28637	4241

数据来源：国家统计局数据库。

表1显示的是2017年和2018年我国31个省、自治区、直辖市人均GDP的数据。当前中国经济处在高速发展阶段，并向高质量发展阶段进行转变，旅游业发展势头良好。随着我国社会经济发展、人均可支配收入的增加、消费水平的提升和消费结构的升级，邮轮休闲度假旅游已经被越来越多的人所接受，逐渐成为旅游市场的热点。邮轮经济对于客源的要求要高于其他旅游市场，而中国沿海经济发达地区拥有大量的高收入人群和成熟的旅游市场，所以华东和华北市场能够成为邮轮经济发展的推动引擎。

3. 社会环境

我国人口的分布不均匀，东南多、西北少，且人口老龄化逐渐显现，为邮轮旅游提供了大量潜在客人。随着改革开放的不断深入和进程的加快，人们对旅游的态度也在不断改变，我国邮轮市场培育已经逐步成熟，越来越多的消费者了解和接受了邮轮旅行方式。

然而由于传统消费和旅游观念的制约，以及邮轮旅游偏西方化的特点，严重影响邮轮旅行方式在中国的普及。另外，我国假期时间不够多也制约了国际邮轮旅行在中国市场的推广。

4. 技术环境

邮轮行业的技术环境主要包括邮轮港口的建设、邮轮的制造和邮轮运营及服务技能等。在邮轮运营方面包括邮轮产品的设计开发、市场拓展和销售、航行运营保障业务及乘客服务等流程，可以形成一个完整的运营体系以保证航行的正常进行。目前众多邮轮公司还不断推进本土化服务，目的是为游客们提供更加舒适的旅行体验。

（二）行业竞争环境分析

1. 供应商的议价能力

目前邮轮制造主要被四家大型船舶制造商垄断，因此制造商具有较强的议价能力。邮轮的运营由邮轮企业来承担，因此几乎不存在供应商的影响。在邮轮停靠港口服务和商贸旅游服务方面，供应商具有较高的议价能力。

2. 购买者的议价能力

从目前国内参与邮轮旅游的游客群体构成来看，大部分游客都来自于华东和华北地区，他们的收入水平普遍偏高，愿意花费重金参加休闲旅游。选择邮轮出行的旅客通常都是为了追求奢华的体验，因此他们对各家邮轮公司产品的价格不是很敏感。综上所述，购买者的议价能力有限。

3. 潜在进入者的威胁

邮轮经济具有高聚集、高门槛等特点，邮轮产业的发展必然需要大量的资金作支撑，所以小型邮轮公司难以承受高标准的经营管理、成本投入要求和较长的投资回报期，很难进入中国邮轮市场。

在本土邮轮品牌方面，目前国内的政策法规也不适合我国本土邮轮企业的发展。因此中国邮轮行业的潜在进入者的威胁相当有限。

4. 替代品的威胁

国际旅游方式主要被分为水上旅游、航空旅游和陆上旅游这三大类。航空旅游是现在覆盖全球范围最广的旅行方式。陆上旅游是最为普遍的旅行方式。邮轮旅游产品通常都是在航行中安排有陆上旅行行程。由于邮轮旅游价格昂贵，部分旅行者需要考虑到旅行的成本和产品价格来选择最合适的旅行方式。由此可见，邮轮旅行有较大的替代威胁。

5. 同业竞争者的威胁

2017年，世界三大邮轮集团嘉年华邮轮、皇家加勒比邮轮和诺唯真集团分别拥有 44.1%、23.9%、8.8% 的全球市场份额（见图1）。近年来许多内河游轮公司选择在中国市场推出旅行产品，并逐渐形成了市场竞争力。然而由于近几年中国邮轮市场供大于求的现象较为突出，国际大型邮轮公司纷纷减少对我国邮轮市场的投入，重新调整布局。因此在未来的发展过程中，中国邮轮市场竞争会更加激烈，竞争者威胁也会逐渐增大。

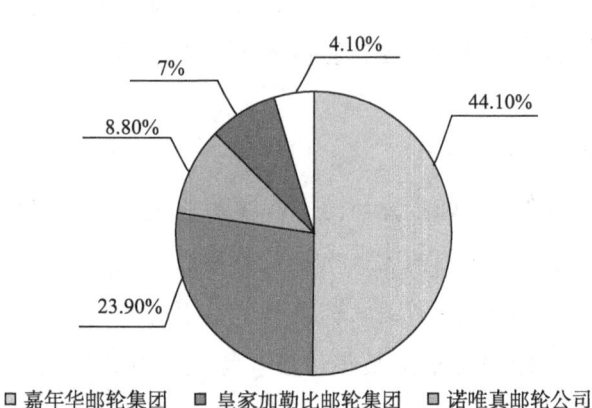

图1　2017年全球前五大邮轮运营公司市场占有率

数据来源：2018—2023年中国邮轮旅游行业发展前景预测与投资战略规划分析报告。

（三）竞争对手分析

表2列出了三家提供中文船上服务的内河游轮企业的详细信息，这些内河游轮企业是维京游轮需要面对的竞争对手，并且需要认真对待，因为他们在未来会对维京游轮形成真正的威胁。

表2　维京游轮三大竞争对手情况分析表

公司名称			
	星途游轮	水晶邮轮	硕凤河轮（多瑙号）
总航次数量/人数	48航次/6144人	4航次/616人（莫扎特号）	48航次/6624人

154

续表

公司名称	星途游轮	水晶邮轮	硕风河轮（多瑙号）
2019年销售预期情况	1. 星途游轮：自营销售方式，预计2000人； 2. 途牛：切仓10团队，预计1280人； 3. 江苏国旅：切仓8团队，预计1024人； 4. 春秋旅游：包船6个航次，预计768人； 5. 众信旅游：包船6个航次，预计768人。 总计：5840人次	4个航次已经被中国旅行社联合包船	1. 多瑙号（硕风河轮）：自营销售方式，预计2562人次； 2. 凯撒旅游：包船8航次，预计1104人； 3. 众信旅游：包船5航次，预计690人； 4. 四川新界国际旅行社：包船1航次，预计276人； 5. 春秋旅游：包船1航次，预计276人； 6. 江苏国旅：切仓6个团，预计240人。 总计：5148人次
优势	1. 航线行程更加吸引中国游客；所经过的捷克布拉格和奥地利哈尔施塔特镇等欧洲名城深受游客喜爱； 2. 代办申根签证，方便快捷； 3. 提供五星级航空公司——汉莎航空和阿联酋航空出行体验； 4. 全年龄段人群均可报名（包括1~8岁儿童）； 5. 中文导游从国内机场开始带队出发，客人无须担心中转航班	1. 船上设施先进奢华； 2. 船上服务团队以先进的国际运营理念和服务标准服务游客； 3. 目标群体为高端客户群； 4. 提供英文和中文双语服务（中文仅限莫扎特号）	1. 航线行程更加吸引中国游客；所经过的捷克布拉格和奥地利哈尔施塔特镇等欧洲名城深受游客喜爱； 2. 代办申根签证，方便快捷； 3. 价格适中，具有竞争力； 4. 中文导游从国内机场开始带队出发，客人无须担心中转航班

三、维京游轮内部环境分析

（一）公司能力分析

1. 产品和服务竞争能力

维京游轮通过实现产品的差异化形成了自己的特色。维京游轮设置了8条含有陆上行程的航线，在2019年新增加了两个目的地。另外，维京游轮特别在标准行程安排之外还为游客提供有多项付费特色岸上体验，以满足不同游客的个性化需求，同时使得自己的产品具有独特鲜明的特点。

维京游轮非常注重不同文化之间的差异和针对性服务的重要性，因此根据中国游客的特别需求实施本土化服务方式，特别提供全中文化和全中式的船上服务。维京游轮的这些特色产品和服务都能帮助其冲破同质化带来的影响，从而形成独特的竞争优势。

2. 营销能力

维京游轮在进入中国的这三年中，在市场营销方面投入了大量的精力和资金，形成了多渠道的营销体系，包括网络和传统媒体。在营销上维京游轮本土化程度较高。维京游轮还针对不同的目标市场调整市场营销的投入。未来，维京游轮仍然会维持并扩大市场营销的投入，以便能够持续保持市场位置并占据更多的市场份额。

3. 部门管理能力

维京游轮销售部门主要分为直客部和企业客户部，并与市场营销部、客户服务部等其他部门有着密切联系。目前维京游轮将对企业客户的市场宣传、产品培训和推广销售工作外包给一家公关公司负责。

维京游轮内部管理层的频繁变动导致销售政策变动频繁，对企业的正常管理和销售计划的实施都造成了严重影响。目前维京游轮直客部的价格不稳定，与企业客户部给出的价格不匹配，形成销售竞争关系，造成了企业损失。这表明管理层在管理销售部门的工作方面存在一定的问题。

（二）公司销售情况分析

2019年是维京游轮进入中国的第三年，在这三年中维京通过不断扩大知名度，获得了旅客的广泛认可，在中国市场拥有相当出色的销售成果。

图 2 和图 3 分别是各内河游轮公司欧洲内河航线市场占有率以及各内河游轮公司多瑙河航线市场占有率情况。

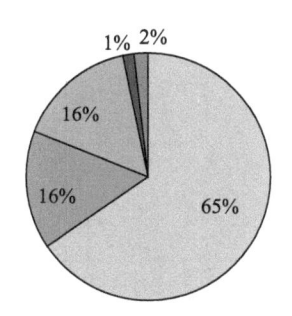

□ 维京游轮　□ 硕风河轮（多瑙号）　□ 星途游轮　■ 自由自在河轮　□ 水晶邮轮

	维京游轮	硕风河轮（多瑙号）	星途游轮	自由自在河轮	水晶邮轮
航次数量	150	48	48	4	30
每个航次平均人数	174	138	128	154	20
总计人数	26100	6624	6144	616	600

图 2　各内河游轮公司欧洲内河航线市场占有率

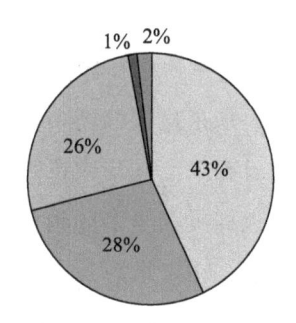

□ 维京游轮　□ 硕风河轮（多瑙号）　□ 星途游轮　■ 自由自在河轮　□ 水晶邮轮

	维京游轮	硕风河轮（多瑙号）	星途游轮	自由自在河轮	水晶邮轮
航次数量	64	48	48	4	10
每个航次平均人数	174	138	128	154	20
总计人数	11136	6624	6144	616	200

图 3　各内河游轮公司多瑙河航线市场占有率

通过图 2 和图 3 可以看出维京游轮拥有相当高的市场占有率。这一方面得益于维京游轮前期在中国市场的强大宣传以及树立起的良好品牌和口碑；另一方面也证明了维京游轮航线产品的开发能力以及产品的强大核心竞争力。

图 4 是维京游轮年度销售数据统计柱状图（截至 2018 年 12 月 31 日）；表 3 为维京游轮旅业渠道各地销售数据统计表。

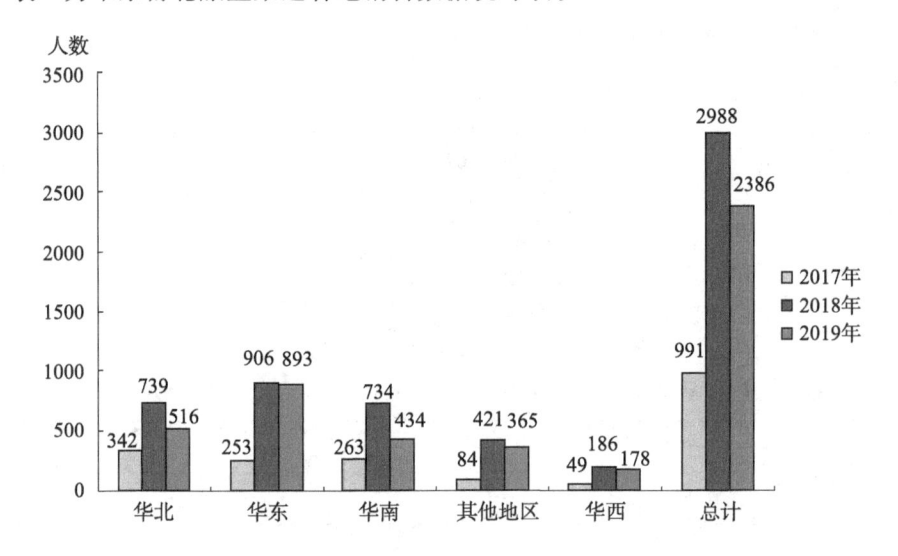

图 4　维京游轮年度销售数据

数据来源：公司内部销售统计数据。

通过图 4 可以看到维京游轮销售增长势头明显，并且呈持续增长态势。可以看到在 5 个分区市场中，华东地区的销售量最多，每年变化也最为明显。除华东市场外，还可以看到华北和华南市场由于大城市数量多，人口基数大，人均消费水平高，也拥有相当多的销售量。然而华西市场和其他地区市场的销售情况并不乐观，在未来需要加大市场营销的投入。

表 3　维京游轮旅业渠道各地销售数据

地区	2017 年人数	2018 年人数	2019 年人数	升降率	总计人数
上海市	116	905	1342	32.6%	2363
广东省	153	948	800	－18.5%	1901
北京市	85	672	505	－33.1%	1262
浙江省	67	475	529	10.2%	1071
江苏省	120	431	372	－15.9%	923
四川省	58	300	291	－3.1%	649
山东省	23	162	111	－45.9%	296

续表

地区	2017年人数	2018年人数	2019年人数	升降率	总计人数
香港特别行政区	6	139	105	-32.4%	250
福建省	20	122	102	-19.6%	244
台湾省	21	81	119	31.9%	221
天津市	14	101	99	-2.0%	214
辽宁省	21	99	82	-20.7%	202
广西壮族自治区	16	128	43	-197.7%	187
湖北省	26	85	72	-18.1%	183
云南省	8	86	84	-2.4%	178
重庆市	10	88	67	-31.3%	165
河南省	19	39	60	35.0%	118
黑龙江省	8	78	20	-290.0%	106
河北省	22	62	21	-195.2%	105
陕西省	24	40	39	-2.6%	103
安徽省	15	41	39	-5.1%	95
吉林省	15	64	9	-611.1%	88
山西省	12	27	29	6.9%	68
甘肃省	22	19	19	0.0%	60
贵州省	1	30	26	-15.4%	57
内蒙古自治区	10	20	12	-66.7%	42
江西省	12	16	13	-23.1%	41
澳门特别行政区		14	19	26.3%	33
新疆维吾尔自治区	16	5	9	44.4%	30
湖南省	25	0	0		25
青海省	3	2	2		7
海南省	0	3	2		5
宁夏自治区	3	1	0		4

数据来源：公司内部销售统计数据。

表3展示的是维京游轮在中国各地的销售数据。截至目前，在所统计的34个省、自治区、直辖市、特别行政区中，销售量排在前三名的分别是上海、广东和北京，华西地区的四川排名也较靠前，为第六名。

与华东地区形成鲜明对比的是华北地区，三年间销售量出现了大幅变动。这反映出维京游轮在华北市场的占有率可能受到了其他内河游轮公司的影响，同时也说明维京游轮目前在华北市场的宣传和营销方面存在一定问题，无法吸引足够多的消费者。

目前维京游轮在销售方面的一大问题就是销售政策不稳定，变动频繁。销售及促销政策的不稳定和不持久，以及直客销售部门与企业销售部门价格不匹配等问题都严重影响了企业客户销售成果，也使得旅行社对于销售维京游轮产品的信心和兴趣度大幅下降，对维京游轮的产品销售量和市场占有率造成很大影响。

总体来说，维京游轮目前在中国市场的经营和销售情况都较为出色，拥有较高的市场占有率和销售量，在中国内河游轮市场中占据着举足轻重的地位。然而公司不稳定的销售政策是目前企业的一大顽疾，若不及时做出改变和调整，在未来势必会严重影响企业的经营和销售，从而被其他竞争对手赶超，丧失市场优势地位。

四、维京游轮竞争战略的选择

（一）维京游轮现行竞争战略分析

维京游轮现行竞争战略为差异化战略。目前维京游轮通过前期推出的一系列具有差异化的游轮产品和服务在中国市场形成了较大的市场竞争优势。随着越来越多的内河游轮企业进入和布局中国市场，中国内河游轮市场的竞争愈发激烈。维京游轮产品和服务的差异化优势正在逐渐消失，目前的差异化战略已经很难帮助自己获得更大的市场优势，甚至有可能被众多竞争对手所超越。因此，维京游轮应该尽快完善竞争战略，以便保持市场优势地位。

（二）SWOT分析

在对维京游轮内外部环境进行系统的分析之后，将分析结果与SWOT分析法结合，通过企业的优势、劣势、机会和挑战这四种企业内外部因素形成 SO、WO、ST、WT 四种战略（见表 4），为维京游轮竞争战略提供选择和参考。

表 4　维京游轮 SWOT 分析

外部环境/内部环境	优势（S） 企业未来发展战略清晰，市场定位明确； 拥有较强的品牌实力，知名度高； 产品和服务具有鲜明特点，形成独特优势； 营销渠道多样化，市场营销效果显著； 市场占有率高； 打破传统销售渠道限制，发展直客直销模式； 消费者复购率高	劣势（W） 企业挂靠中旅途易，缺乏资质和品牌的独立性； 企业管理层人员变动频繁； 企业内部管理松散； 销售部门内部销售价格不匹配，频繁出现抢客投诉现象； 对国内一些法律政策不熟悉； 产品销售政策不稳定，变动频繁
机会（O） 政府出台相关政策支持邮轮经济发展； 中国旅游产业高速发展； 中国游客消费能力增加，旅游需求持续高涨； 各大国际邮轮公司调整在华布局，减少运力投入； 内河游轮市场发展前景光明	SO 战略 充分利用政策便利性，进一步发展中国市场业务； 充分了解中国市场消费者需求，加快引入海上邮轮进程，扩大业务范围； 根据游客需求和消费能力调整改善产品现状，满足游客的不同需求，锁定特定消费群； 利用各大国际邮轮企业的调整期，发挥企业实力扩大市场投入； 利用直客直销模式进一步促进产品销售	WO 战略 加强学习国内法律政策，充分利用相关政策支持经营活动； 利用中国旅游产业高速发展的优势，寻找合适的旅行社进行收购，从而脱离中旅途易上海分公司，实现资质和品牌独立； 加强企业内部管理，促进各部门工作的沟通协调，减少人员变动频率

续表

威胁（T） 中国护照便利性不足； 部分中国游客未完全接受邮轮旅行方式； 中国邮轮旅游增速明显放缓； 内河游轮市场竞争激烈； 中国邮轮市场产品同质化严重	ST战略 充分利用产品和服务的独特优势，消除同质化可能对企业销售造成的影响； 继续完善代办签证服务，提高游客出行便利； 发展多渠道营销优势，向中国游客介绍内河游轮旅行方式的优势和特点，改变旅行观念，培养潜在客人； 制定适合的未来发展战略，以应对竞争激烈的内河游轮市场	WT战略 制定适合市场竞争情况的销售政策，并维持销售政策持续性和正常实施； 提升企业和销售渠道商的合作关系，应对激烈的市场竞争； 改善企业内部管理水平，为游客提供更好的服务体验

根据表4的维京游轮SWOT分析，可以得到协助企业竞争的四种战略。维京游轮作为中国内河游轮市场的领头羊，在短时间内取得了较大成功，但是目前企业内部还存在较大的劣势，需要充分发挥优势作用消除劣势带来的影响。从四种战略分析得出SO和ST战略是维京游轮的最佳选择，企业应坚持以差异化战略为主要竞争战略，同时以专一化战略为辅助战略，从而维持自身竞争优势，进一步巩固在中国的市场地位。

（三）竞争战略选择方案

下面将会从波特三种竞争战略入手，提出维京游轮竞争战略的选择方案，结合行业环境、企业目前内部经营情况和企业未来发展计划对三种战略的可行性进行分析，从而确定最适合维京游轮的竞争战略。

1. 成本领先战略

对于维京游轮来说，在中国市场还处在持续树立品牌、培养顾客和高速发展阶段，因此在经营过程中可降低的成本不多。

维京游轮在进入中国市场的三年间，通过多种渠道、多种方式开展宣传和营销工作，扩大了知名度，逐渐在中国市场树立起品牌，也在培养潜在客人。若在市场营销方面降低成本支出，势必会降低网络和传统媒体的宣传力度，而其他内河游轮公司会借机扩大营销投入，影响企业的市场占有率。因此不能降低成本。

维京游轮的现今发展战略和市场布局为先行在中国推出内河游轮产品，深入洞察中国消费者和中国市场，通过口碑宣传的方式布局中国市场。目前阶段维京需要用高质量和特色服务等吸引并留住优质客人群体，同时维京经常推出优惠折扣活动，还向游客提供特惠机票选择，这些都增加了经营成本的支出。因此在顾客服务方面，维京可降低的成本也非常有限。

由此可见，成本领先战略对于维京游轮的未来发展来说不可行。

2. 差异化战略

维京游轮前期已经通过差异化战略获得了短时间内无法被竞争对手超越的竞争优势，获得了较高的市场占有率。在进一步巩固差异化之后，维京游轮可以通过进一步扩大市场投入和新航线的开发布局中国市场，提高航线产品质量和服务水平，制定相对于同行业竞争者更高的产品价格，一方面可能会使一些竞争对手被迫调整在华布局，另一方面会阻碍潜在进入者的进入，有助于巩固市场地位。

根据维京游轮的现阶段发展规划，当前在中国市场的发展目标是通过先行推出内河游轮产品深入洞察中国消费者和中国市场，随后会研究是否以及何时将境外出发的海轮产品引入中国市场。维京游轮希望可以提供比这些产品都更独特的海上邮轮产品，借助其海上邮轮体量小的特点停靠更多精致的小型港口，将传统海上邮轮休闲体验和优质的岸上观光活动结合，通过这种差异化的产品获得并提高与其他国际邮轮企业的竞争力。

由此可见，差异化战略对于维京游轮来说是可行的，可以充分发挥维京在产品和服务方面的优势。

3. 专一化战略

维京游轮实行专一化战略主要是针对市场上某一特定群体的消费者进行研究，并推出能够满足他们需求的产品或服务，为特殊目标客户服务。维京游轮的市场定位就是专门为成熟的、有思想的游客提供欧洲深度人文文化之旅，他们一定是对当地人文、历史和民俗风情感兴趣的游客。在其主要市场地区社会经济发展水平高，消费力强，所以应该在这些市场投入更多的精力。

随着维京游轮未来在中国市场布局的不断扩张以及海洋邮轮产品的引入，维京的市场重心和主要客户群体会发生改变，届时就需要对专一化战略进行调整。

由此可见，专一化战略对维京游轮来说有一定的可行性。

综上所述，成本领先战略对于现阶段和未来维京游轮的发展并不可行，实行此战略会严重影响企业在中国市场的经营和市场占有率；而经过分析可以得出，差异化战略和专一化战略是适合维京游轮现阶段和未来发展需要应采用的竞争战略。

（四）竞争战略选择

综合之前对维京游轮进行的各方面分析，确定企业应在后续竞争战略选择上继续推行和完善差异化战略，开发全新航线，进一步增强游轮产品和服务的独特优势，巩固市场地位；同时以专一化战略为辅助战略，明确目标客户群，获得更大的竞争优势并巩固市场地位。

由于如今我国邮轮市场的产品和服务同质化严重，而维京游轮在市场上占有较高的市场份额，地位较为稳固，形成一家独大的局面，因此在应对其他内河邮轮企业的竞争和挑战时，应继续实行并不断完善产品和服务的差异化优势，进一步突出服务差异化的特点。现阶段维京游轮应该通过完善差异化战略形成其他内河游轮公司短时间内无法效仿的竞争优势，从而保持市场竞争优势。维京游轮在未来引进中国市场的海上邮轮上也要发挥差异化的优势，提供更加优质的岸上观光活动。维京海上邮轮途径的景点都会由经验丰富的导游带领游览，和其他大型邮轮走马观花式的岸上观光形成鲜明对比。因此差异化战略是维京游轮在中国市场持续发展的关键竞争战略。

在重点实施差异化战略的同时，也应该在现阶段实施专一化战略，明确目标客户群体，采用更加精准的营销宣传的投放吸引特殊目标客户，通过完善产品和服务更好地满足他们的需求。针对未来维京游轮在中国市场引入海上邮轮的计划，借助于维京海洋邮轮和其他海上邮轮的不同特点，也可以通过专一化战略吸引具有特别需求的游客。通过专一化战略可以更好地吸引有意愿选择维京游轮进行旅行的客人，筛选掉部分不符合的人群，为游客提供更加舒适的旅行体验。因此专一化战略对于维京未来一段时间的发展也具有一定效果。

五、结 论

本文通过 PEST、波特五力模型、外部因素评价矩阵分析、内部关键要素评价矩阵、SWOT 态势分析法，对维京游轮的内外部环境进行分析，通过上述分析研究主要得出以下结论。

（1）目前中国邮轮市场的外部宏观环境和产业环境适宜邮轮经济的发展，且国际大型邮轮企业正在调整在中国市场的布局，因此维京游轮的市场机会和发展潜力巨大，但与此同时中国邮轮产业的不断发展会使得市场竞争越发激烈。

（2）维京游轮拥有较强的产品和服务竞争能力以及营销能力，而且在中国市场的销售情况也较为优秀，保有不错的市场占有率，但是企业内部的管理问题较为突出，另外在法律适用、销售政策的稳定性、持续性和实施方面还存在较大问题，需要及时作出调整，以支持企业未来发展。

（3）通过 SWOT 态势分析法并结合企业实际情况分析得出，差异化战略仍是维京游轮最优竞争战略选择，同时需要辅以专一化战略更加明确客户群体。维京游轮应持续推行并完善差异化战略，不断更新推出内河游轮旅行产品，提升游客服务水平，与竞争者拉开差距，形成其他内河游轮公司短时间内无法效仿的竞争优势，从而获得市场竞争优势；并适时引入特点鲜明的海上邮轮产品，建立属于自己的核心竞争优势，避免陷入邮轮产品同质化的竞争。另外，在未来发展中应实行专一化战略，明确客户群体，提高维京游轮在中国市场的品牌地位和市场地位。

参考文献

[1] 迈克尔·波特. 竞争战略 [M]. 北京：中信出版社，2014：8 - 50.

[2] 史晓云.竞争理论发展历程回顾——基于企业战略管理[J].科技经济导刊,2018,26(30):235.

[3] 孙睿,王金荣.跨国公司全球战略及其实施[J].改革与开放,2017(13):45-46.

[4] 方莉.论企业竞争战略中的人力资源战略管理[J].人力资源管理,2017(4):85-86.

[5] 李宗洪.旅游企业竞争战略分析——以阿里巴巴为例[J].现代国企研究,2018(14):61.

[6] 周兵,黄芳,任政亮.企业竞争战略与盈余持续性[J].中国软科学,2018(3):141-152.

[7] 马宁,王雷.企业生命周期、竞争战略与风险承担[J].当代财经,2018(5):70-80.

[8] 周路平.企业战略定位选择与评价模型设计[J].时代金融,2018(9):137-139.

[9] 王赛男.我国旅游服务贸易国际竞争力影响因素研究[J].北方经贸,2018(6):14-16.

[10] 钱茜露.我国邮轮旅游经济发展建议[J].水运管理,2018(12):23-25.

[11] 张捷.吉祥航空公司竞争战略研究[D].太原:太原理工大学,2017.

[12] 陈文杰.皇家加勒比邮轮公司在华营销策略研究[D].上海:上海外国语大学,2014.

[13] 刘佳.迈克尔·波特:差异化战略,构筑竞争优势[J].经营与管理,2014(4):11-12.

[14] 刘小琛,张紫琪.海尔集团竞争战略研究[J].现代经济信息,2018(11):20-21.

[15] 宁丹娜.跨国出版集团在华市场本土化策略研究——以培生集团为例[J].传播力研究,2018(14):168.

[16] 白杨.新疆金桥国际旅行社竞争战略研究[D].乌鲁木齐:新疆大学,2018.

[17] 王晓菲.ZBKH旅行社竞争战略选择研究[D].淄博:山东理工大学,2018.

[18] 马欣.跨国公司在华的本土化策略[J].新经济,2016(12):24-25.

[19] 郭伟刚.差异化战略竞争优势及路径选择[J].现代企业,2018(10):27-28.

[20] 汝百慧,林凤.差异化战略与竞争优势的可持续性分析[J].产业与科技论坛,

2016 (10): 227-288.

[21] 汪杨果儿. 国际企业在中国市场的本土化战略 [J]. 中国市场, 2018 (18): 88-89.

[22] Yan Yin, Yiyang Liu. Research on the Development Status and Strategies of the Cruise Industry of Shanghai [C]. Proceedings of the 2017 4th International Conference on Education, Management and Computing Technology, 2017.

[23] Chen Li. Cruise Terminal Traffic Organization Methods with Multiple Berths in China [C]. Proceedings of the 2017 3rd International Conference on Economics, Social Science, Arts, Education and Management Engineering, 2017.

[24] Amit Mehra, Subodha Kumar, Jagmohan S. Raju. Competitive Strategies for Brick-and-Mortar Stores to Counter "Showrooming" [J]. Management Science, 2017, 64 (7): 3076-3090.

[25] Jose M. Vicente-Gomila, Anna Palli, Begona de la Calle, Miguel A. Artacho, Sara Jimenez. Discovering shifts in competitive strategies in probiotics, accelerated with TechMining [J]. Scientometrics, 2017, 111 (3): 1907-1923.

[26] Kum Fai Yuen, Vinh V. Thai, Yiik Diew Wong. Corporate social responsibility and classical competitive strategies of maritime transport firms: A contingency-fit perspective [J]. Transportation Research Part A: Policy and Practice, 2017 (98): 1-13.

生产加工型企业商业模式转型升级方向的探究

——以三元集团和北京雪莲羊绒股份有限公司为例

牛奥宇[1] 张雪泽[2] 徐颖瑄[1] 李剑玲[3]

(1. 北京联合大学商务学院国商1702B学生；

2. 北京联合大学商务学院国商1701B学生；

3. 通讯作者，指导教师)

摘　要：本文以三元集团、北京雪莲羊绒股份有限公司为例，阐述了商业模式的概念与内涵，探讨了商业模式的九大要素结构组成和商业模式转型升级的方向选择，研究了两家生产加工型企业的产品质量差异化、技术升级、销售渠道的创新和品牌打造共四个方面商业模式的转型升级。

关键词：三元集团；北京雪莲羊绒股份有限公司；商业模式；转型升级

一、生产加工企业商业模式转型升级的时代背景

（一）政治背景

国家政治环境的稳定对于宏观环境也有着非常大的影响。目前，我国的政治环境稳定，利于企业的发展。而且，我国国家政策鼓励传统企业与互联网高新技术相结合。同时，高新技术产业被列为国家重点扶持项目，这也加大了企业商业模式改变的决心。

（二）社会文化背景

中国人口众多，物资丰富，但是人口密度相对较大，对于产品的需求量高。同时，互联网在我们的日常生活中逐渐变成了不可缺少的部分。越来越多的年轻人更喜欢足不出户网上购物的感觉，强大的物流系统也给网购带来了便利。传统的店铺模式已经不再适应大多数人的购物方式。随着人们生活质量的提高，人们更加追求高质量、安全健康的生活。传统的生产加工企业想更加具有竞争力，便应该满足消费者的需求，商业模式的转型升级是大势所趋。

（三）经济背景

中国目前经济高速发展，商品从短缺转为过剩，平台经济快速发展，消费者在挑选满足自己需求的商品上出现了更多的选择。传统的生产加工企业如果仅仅依靠传统的生产加工，将被社会快速的更新换代所淘汰。这些都说明生产加工企业需要进行商业模式的转型。

（四）技术背景

伴随着"互联网+"的发展和大数据时代的来临，我国的科学创新技术不断发展。B2B和C2C的快速发展，生产自动化，企业逐步迈向自动化，这些高新科技为我们带来的改变都为传统企业的转型提供了新的思路。科技、经济和政策的改变都促使生产加工企业进行商业模式的转型来转变亏损情况，增加盈利，打造中国品牌。

二、商业模式的内涵

徐蕾、颜上力（2019）认为商业模式就是企业创造价值、交付和构架获取机制。商业模式创新是企业重新设定商业模式内容、框架结构和治理方案，基于三要素将企业模式分为不同部分，创造企业新价值。

于伟等人（2019）认为商业模式创新意味着新的商业体系，包括行为创新、创造价值、获取价值。企业的成功与商业模式创新密不可分。

邹国庆、尹雪婷（2019）提到商业模式作为企业创造价值的重要构成部分，与企业绩效的关系正在成为战略管理的重要研究方向，不同的商业模式对企业有不同作用，要密切关注与企业绩效的关系。

总而言之，商业模式一般来说就是企业通过创造价值而获取收益所采取的一系列活动。简单地讲，商业模式就是公司通过什么途径或方式来赚钱，举几个最简单的例子：食品公司通过销售食品来获利，网络公司通过点击率来获利，通信公司通过收话费获利。商业模式描述了企业如何创造价值、传递价值、获取价值的基本原理。我们一般会运用商业模式九宫格（见图1）这样一个可视化的模型架构分析工具，来帮忙对企业的未来发展进行预测分析，对商业模式创新做出战略规划。一般，人们对于一个企业的关注大致分为五大模块：如何提供？提供什么？为谁提供？成本多少？收益多少？

重要伙伴	关键业务	价值主张	客人关系	客户细分
	核心资源		渠道通路	
成本结构			收入来源	

图 1　商业模式九宫格

商业模式也可以理解为一个系统。这个系统将企业、消费者和各种所涉及的环节连接起来，成为一个循环的系统。商业模式随着经济和社会的高速发展，也经历了不同模式的变化。从传统的店铺模式到"钩与饵"模式的挂钩销售，以及电子设备的软件与硬件的销售模式等。商业模式的变化可以为企业增加竞争优势，同时，每一次商业模式的变化也更加能够满足消费者的需求，给企业带来更大的获利。

三、商业模式转型方向

商业模式转型通俗来说就是目前的商业模式不能够为企业赚来更多的利润了，企业失去了竞争力，所以企业要进行商业模式的改变来使企业的价值增强。

姚明明等人（2014）认为，商业模式设计及其与技术创新战略的匹配对后发企业技术追赶的作用机制：高效率和新颖主题的商业模式设计能够发挥后发企业优势、克服后发企业劣势，从而有助于后发企业技术追赶绩效的提升。

罗珉、李亮宇（2015）认为互联网改变了交易场所，拓展了交易时间，丰富了交易品类，加快了交易速度，减少了中间环节。可以说，互联网颠覆了以往的商业模式，而这些变化主要体现在：①社群平台替代技术研发作为企业的主要隔绝机制；②社群成为企业的异质性资源，并对产品设计起到决定性影响；③跨界协作成为商业新常态。

吴超（2017）等人认为互联网的普及改变了人类的生活方式，于是出现了一种新的生存状态和存在方式。人与人的新的交流方式使得传统的人际关系发生了变化，社群不再简单地依靠血缘和地缘属性而形成。

综上所述，商业模式的转型方向及其为企业带来的好处有以下几个。

（1）通过商业模式的变化，规避掉企业的劣势，发挥企业的优势。

（2）通过产品的差异化增强企业的竞争力，并放大企业的核心优势，以获取更大利润。

（3）社交的变化，人们开始通过新型的方式进行社交，人与人之间传播信息的途径也开始不同，商业模式的改变也应顺应社交的变化。

（4）互联网的出现为许多企业的商业模式的转型提供了一条新的道路，互联网成为人们工作生活中所必不可少的东西，商业模式与互联网的结合，可以在很大程度上减少成本费用，并加大宣传效果。

（5）合作也是商业模式中的一种，企业之间合作可以在降低风险的同时满足自己的需求，企业之间各取所需，极大地减少了资源的浪费。

四、三元集团和雪莲的转型之路

（一）三元集团

北京三元食品股份有限公司创立于1956年，是一个老牌的企业，是经北京市政府授权经营的国有独资公司。三元最开始是北京市牛奶总站，当时的产品只售卖给老年人、幼儿以及病人，在那个还是使用粮票的时代，三元食品就已经显现出它的雏形，直到2001年公司最终改制为北京三元食品股份有限公司。

三元食品的产品种类丰富，其中包含市场上常见的盖屋型包装鲜奶、超高温灭菌奶系列、酸奶系列、袋装鲜奶系列、奶粉系列、干酪系列以及各种乳饮料等，且与多家企业合作。在调研过程中，企业负责人告诉我们，像八喜、麦当劳等的雪糕产品的原材料使用的就是三元的产品。三元食品工厂日处理鲜奶达到3000吨，在偏远的地区也建立了加工中心，全国共设立了16所加工中心．此外，三元食品是我国著名商标，它的销售场所覆盖北京的各个城区。

由于食品行业进入壁垒低，替代产品多，导致竞争剧烈。三元食品在初期主要注重北京市场，使得在其它地区的知名度不够高，相较于同一领域的光明等品牌，它们都拥有明星级别的产品来吸引眼球，三元的市场宣传力度明显不够。中国的消费者有着倾向于外来产品的趋势，随着外资品牌的进入，三元的市场再次受到冲击，消费者分流增加。

近几年作为老牌乳企的三元食品开始了转型，开始了布局全球化的道路。此前公司已经完成了事业部的改制，撤销了液态奶事业部，设立了常温奶和低温奶两个事业部，保留了奶粉事业部。三元现已研发出多种明星产品，来保持品牌的年轻化活力，此外产品的差异化也增加了企业特点，在众多食品企业中脱颖而出，增加了消费者的购买力度。三元集团商业模式九宫格分析如图2所示。

1. 重要伙伴：各类食品企业	2. 关键业务：加工乳品、饮料、食品、原材料、保健食品、冷食冷饮；生产乳品机械、食品机械；生产生物工程技术产品（不包括基因产品）；餐饮；自产产品的冷藏运输；开发生物工程技术产品（不包括基因产品）	3. 价值主张：保持产品新鲜度，质量立市，诚信为本	4. 客户关系：以品质先行为己任，以润泽万家为福祉，以活跃人生为信念，成为中国受尊敬的乳品品牌，满足消费者需求，提供高品质产品，获取消费者依赖	5. 客户细分：各年龄层次消费者
	6. 核心资源：检测、研发、制造设备，分析仪等		7. 渠道通路：电商订购、各大超市直接销售	
8. 成本结构：人力、物流、制造、营销与销售				9. 收入来源：投资、销售产品收入	

图2　三元集团商业模式九宫格分析

（二）北京雪莲羊绒股份有限公司

北京雪莲羊绒股份有限公司是一家主要经营针织纺织品、羊毛制品、羊绒服装的老牌服装企业，是一家立足于羊毛纺织、针织和服装领域的贸易、工厂、技术一体化的企业集团。李哲、侯宇在《150.87亿雪莲再次荣列中国500最具价值品牌榜》提到，雪莲在纺织服装界占比较大，雪莲不仅通过产品、服务来满足消费者所需，让消费者过着丰富而时尚的生活，更在建设优质品牌、打造品牌强国上做着不懈努力。在调研中，通过企业负责人的讲述以及观看宣传片，我们了解到北京雪莲羊绒股份有限公司历史悠久，1969年生产第一件羊绒衫，这是中国羊绒服装界的一大壮举，第一件羊绒衫的诞生意味着我国实现了从原料制造到成品出口的转型，这也奠定了北京雪莲羊绒股份有限公司在羊绒制造业的地位。2009年，雪莲为国家最高领导人定制出访中亚五国的服装，也多次定制羊绒礼品馈赠给各个国家的领导人及外宾，作为国礼、作为国有品牌，代表中国羊绒品牌走向世界。

北京雪莲羊绒股份有限公司第一次实现转型升级是在1969年，其攻破羊绒分梳技术，从原料输出转为成品制造出口，改变了中国羊绒地位。在1980年至1995年，在技术方面北京雪莲羊绒股份有限公司不断突破，实现了1个首个和5个首创：首个获得国家产品质量金奖的羊绒品牌，首创全国第一件无虚线提花时装、双根进纱无虚线羊绒提花衫、丝绒双面羊绒衫、水钻烫贴羊绒时装、大型丝网印羊绒披肩。还在2003年和2005年分别推出SP功能性羊绒新品和牛奶纤维、光致变色、数码印花等羊绒制品。在2011年雪莲列入"中华老字号"品牌。这些技术创新为中国羊绒服装界做出了很大贡献，奠定了技术基础。杨蓉在《雪莲转型——羊绒大国要有羊绒"大牌"》中提到"羊绒大国没有核心品牌"这一观点，也正是这一观点促成了雪莲的转型。雪莲在找到品牌新方向的同时，结合原有优势，对产品线、设计风格进行调整，在研发创新方面、产品外形以及丰富度上面都有了很大改变。雪莲不仅在本土做大做强，还要在世界上打造出一定知名度。雪莲公司商业模式九宫格分析如图3所示。

1. 重要伙伴：羊绒、纺织供应商、经销商、销售平台	2. 关键业务：生产羊绒衫、羊毛衫、羊绒（羊毛）纱线、服装、毛毯等	3. 价值主张：诚行久远；品誉天下；"四自"——自重、自省、自警、自励	4. 客户关系：忠诚于国家利益，忠诚于消费者，忠诚于国内外客户	5. 客户细分：主要面向有一定经济实力的中老年顾客，目前在向年轻化转型
	6. 核心资源：核心人员（设计师、技术人员）、核心制造技术、针纺织专用设备等		7. 渠道通路：线上线下相结合	
8. 成本结构：人力成本、原料成本、进货成本、耗材成本、技术成本、宣传成本、营销成本				9. 收入来源：产品收入、代加工制造收入	

图3 雪莲公司商业模式九宫格分析

（三）商业模式的转型升级

商业模式的转型升级就是从哪几个方面进行商业模式的创新。

1. 提升产品质量

提高产品的质量可以帮助企业从众多同类企业中走出来，让消费者选择本企业的产品，放大质量差异化。三元乳业以质量为首，对质量的要求不断提高，"质量立市"是三元始终贯彻的质量理念，"把质量放在第一位"是三元始终坚持的经营理念。在三鹿事件中，三元食品企业是唯一一家经过北京各项指标检验均合格的企业。此外，三元首家通过了2009质量管理体系、HACCP食品安全管理体系、ISO 14001环境管理体系、GB/T 28001职业健康安全管理体系和诚信管理体系的五合一认证。在越来越重视产品质量的中国消费者中，三元得到了众多的认可。

北京雪莲羊绒股份有限公司在攻克羊绒技术后，也在羊绒制品的质量上不断提升，2009年作为国礼送给外国来宾，成为国有品牌。这也大大证明了雪莲羊绒制品的质量。

把质量作为企业的优势，同时在商业模式的转型过程中将质量的优势放大。随着时代变化，消费者需求不同，品牌重心向高质量转移，让质量成为企业的标志，让消费者放心，为消费者构建舒适、天然、健康的生活方式，新型的商业模式与高质量的产品进行有效的结合，也将大大加大企业的核心竞争力，为企业创造价值。

2. 加快技术升级

技术升级的目的在于从根本上提升产品的质量，技术升级能够使企业具有核心竞争力。三元的技术差异化有着良好的体现。相对与食品企业的进入壁垒，技术壁垒就高得多了，这对于竞争激烈的乳业市场是一种很好的品牌保护，三元所拥有的液相质谱联用仪、陶瓷膜过滤设备、120乳品分析仪等高级检测设备，生产线的严格把控，以及先进的团队技术人员，这些不仅使得产品的质量得到了保证，而且加大了竞争者的模仿难度。三元先进的设备使其在同类企业中脱颖而出。

北京雪莲羊绒股份有限公司通过羊绒分梳技术的突破，实现了首个获得国家产品质量金奖的羊绒品牌，首创全国第一件无虚线提花时装、双根进纱无虚线羊绒提花衫、丝绒双面羊绒衫、水钻烫贴羊绒时装、大型丝网印羊绒披肩。使集团从原料的提供转型成为生产加工，提升了中国羊绒产业的地位。

由于生产加工行业的进入壁垒较低且同行竞争激烈，企业只有形成差异性才能引起消费者的重视。在这种情况下，技术的领先能很好地形成竞争优势，技术壁垒相较于生产壁垒要高得多，这有效地规避了潜在进入者的威胁，技术的差异化发挥了企业的竞争优势。技术的提升与产品质量的升级都能为产品打造出竞争优势，构建出适合技术这种竞争优势的商业模式，使企业的竞争优势不易被超越。

3. 创新销售渠道

在销售过程中，不再是传统的店铺模式。互联网的迅猛发展，大数据时代的到来，微信、微博、小红书等媒体交流工具的运用愈加广泛。三元和雪莲羊绒迅速地加入，在这些媒体上建立自己的公众号、微信商城，此外还设立了专门的客户端以及网上订购服务，紧随时代的潮流，通过大数据在后台及时调整销售的侧重点，迅速掌握消费者对于产品的需求，使得在这个信息化的时代中，顺应时代发展的同时也拥有了自己的一席之地。

在这个时代，信息的流动速度非常快，因此企业及时适应这种变化、跟上脚步成为了企业能顺利发展的基本要求。张妍妍（2019）认为：21世纪是商业的一个新阶段，科技发展使得市场变革，带来了市场进步，为了适应发展，追赶潮流，商业模式也发生了一定改变，颠覆了传统商业模式，企业都在探索适合自己的新的商业模式。互联网的发展和5G时代的到来更加推动这样的新型商业模式的发展，企业与互联网结合可以使产品得到更好的宣传。我国企业以消费者为中心，利用互联网技术手段，为消费者打造线上线下的完整消费体系。将互联网技术与物流结合，实时监控跟踪行程，建立并完善智能物流系统，支付方式也应由传统现金方式转变为手机支付等方式，互联网与商业模式完美融合，打造时尚、便利、快捷的商业形式。

4. 打造产品品牌

三元集团经过50年的发展，产品的高质量让消费者放心，成为北京食品行业的著名品牌，并通过脚踏实地的发展成为了中国人心中的品牌，成为全国人民放心的安心之选。

北京雪莲羊绒股份有限公司也多次定制羊绒礼品馈赠给各个国家领导人及外宾，作为国礼、作为国有品牌，代表中国羊绒品牌走向世界。在2011年，雪莲被列入"中华老字号"品牌。

商业模式的转型升级可以更加侧重于打造产品的品牌，品牌是企业的根本基础，商业模式是企业的发展路径，将产品的品牌作为突破口，将商业模式转型成为适合品牌发展的模式，有助于产品的发展。选择商业模式时，企业要将投资最小化，利润最大化，要用最短的时间，获得可观的成果。商业模式决定着企业前进方向，进行商业模式创新，企业产品创新，能够创造出品牌新价值，打造出自我品牌。当今品牌竞争不仅仅是产品质量的竞争，还有商业模式的竞争，优秀的商业模式可以让一个企业快速建立品牌，快速获得成功，占领市场。企业的商业模式选择也是十分重要的，成功的商业模式与产品的品牌相辅相成，助力企业发展腾飞。

五、结 论

生产加工企业传统的店铺的商业模式已经不足以满足消费者的需求，

只有转型升级，才能够创新出新的商业模式来顺应时代的发展，跟上消费者的步伐。目前众多的生产加工企业中，很多企业都选择了不同的商业模式的转型升级。商业模式的侧重点不同，也会转型成为不同的商业模式，例如侧重于技术、质量和品牌，还有销售渠道转型也可以造成商业模式的不同。不同的转型升级方式，都给企业增加了价值。

参考文献

[1] 姚明明，吴晓波，等．技术追赶视角下商业模式设计与技术创新战略的匹配——一个多案例研究 [J]．管理世界，2014（10）：149-162,188.

[2] 吴超，饶佳艺，等．基于社群经济的自媒体商业模式创新——"罗辑思维"案例 [J]．管理评论，2017，29（4）：255-263.

[3] 罗珉，李亮宇．互联网时代的商业模式创新：价值创造视角 [J]．中国工业经济，2015（1）：95-107.

[4] 李哲，侯宇．150.87亿雪莲再次荣列中国500最具价值品牌榜 [J]．中国纺织，2019（7）：98.

[5] 杨蓉．雪莲转型 羊绒大国要有羊绒"大牌" [J]．中国纺织，2016（7）：94.

[6] 佰维网络．新常态下，传统企业如何进行商业模式创新转型？[Z]．2018-08-17.

[7] 徐蕾，颜上力．协同创新背景下制造企业商业模式创新对价值创造的双中介作用机理研究 [J]．浙江社会科学，2019（7）：14-22，155.

[8] 张妍妍．新零售背景下基于流量转化的商业模式研究 [J/OL]．中国商论，2019（13）：1-2 [2019-07-26]．https：//doi.org/10.19699/j.cnki.issn2096-0298.2019.13.001.

[9] 于伟，陈智锋．价值体系演化视角下大数据对商业模式创新的影响 [J]．商业经济研究，2019（13）：98-100.

[10] 邹国庆，尹雪婷．商业模式设计与技术创新战略对企业绩效的协同效应 [J]．吉林大学社会科学学报，2019，59（4）：30-38，219.

现代企业商业模式分析

——基于国安创客和新道科技公司的案例分析

王双双[1]　陈玉倩[1]　刘　雪[1]　李剑玲[2]

（1. 北京联合大学商务学院国商 1702B 学生；
2. 通讯作者，指导教师）

摘　要：本文阐述了商业模式的基本概念及其要素，并用国安创客和新道科技有限公司作为案例，分析企业基本信息及情况，探讨企业的行业环境，并在此基础上分析国安创客和新道科技有限公司的具体商业模式，希望能为其他公司的发展提供积极的借鉴意义。

关键词：商业模式；国安创客；新道科技有限公司

一、商业模式简述

商业模式是指在企业跟企业之间，企业的各个部门之间，以至于企业与消费者之间、企业与其渠道之间都存在着不同形式的贸易以及连接方式。简单地说，就是一个企业赚钱的方式或者路径。例如，乳制品公司通过生产销售乳制品的方式盈利，羊绒企业通过生产相关羊绒产品并进行销售从而达到赚钱的目的。一般我们认为商业模式是具有一些要素以及要素之间联系的一个概念性的工具，商业模式可以用来阐述某个特定的实体企业的商业逻辑。通常情况下，企业的商业模式包含价值主张、消费者目标群体、分销渠道、客户关系、价值配置、成本结构、收入模型、裂变模式、核心能力、价值链十个要素。一般来说，一个好的商业模式至少应该具有清晰的价值定位、目标市场、生产、分销、收入模式、成本结构、竞争、市场大小、增长情况和份额等几个要素。

二、国安创客的商业模式

（一）公司简介

1. 基本信息

国安创客（北京）科技有限公司（以下简称"国安创客"）在中信集团、国安集团双品牌背书支持下成立，致力于服务创新型的中小微企业。在国家"大众创业，万众创新"的大背景下，国安创客整合集团的优势产业资源，聚集社会资源，形成全要素、立体化的企业服务平台。

2. 企业情况

国安创客是一个一站式的中小微企业服务平台，它有线上流量、技术营销等资源扶持，又同步线下的物流空间，提供知识产权保护、政策、金融及财税等服务支持，打造线上线下一体化的全要素创业孵化器。国安创客的线下空间平台提供办公服务，包括会议室、工位、路演空间等。国安创客还有其他七大平台：服务、创新、导师、培训、市场、投资和数据。

国安创客以产业大数据为基础，搭建起"服务云+办公云"的主营产品体系，其中服务云平台包含企业服务平台、创客俱乐部、大数据分析及应用三大板块，办公云平台包括集中式办公模式、分散式办公模式以及办公工具体系三大板块。

国安创客打造了以产业大数据为基础，服务云+办公云为载体的规模化创客产业运营平台。采用"1+N+N"的发展战略，即1个管理云、N个服务云、N个办公云，推进管理模式创新、聚集模式创新、服务模式创新三种创新模式，引入社会力量参与云园区生态建设，形成"政府引导+市场化运作+专业团队运维"的运营模式。

（二）行业环境分析

1. 供应商的议价能力

国安创客供应商的议价能力整体来讲是较高的，主要体现在以下方面。首先，国安创客是一个为中小微企业提供各项服务的企业服务平台，而它的主要供应商是场地供应商，例如房地产开发商、商业用地产业主等。对于品牌较大的供应商来说，供应商的议价能力相对较强，因为它经常会为各种企业提供场地，所以有较强的议价能力。而对于名气较小的供应商，它的议价能力就较弱，能使国安创客适当地降低用地成本。

2. 购买者的议价能力

国安创客的购买者主要群体为中小微企业和初创企业，在提供服务的过程中，国安创客集合了自己的数据驱动能力，一方面，提供空间和实体的运营，方便产业平台和企业服务平台的运营；另一方面，在其中也运用大数据、云计算，构建了平台体系，使中小企业更容易获得社会资源、社会资本。因为中小微企业和初创企业的实力还较弱，所以，国安创客的购买者的议价能力较弱。

3. 新进入者的威胁

对于国安创客来说，潜在竞争者是一些新的想进入众创空间行业类型的企业，包括众创空间、Hackspace、Techshop等。由于国安创客已经积累了一定的用户忠诚度，所以新进入者虽然会造成一定威胁，但是威胁不大。

4. 替代品的威胁

对于替代品，比如一些创业者一开始也会把咖啡馆等地方作为他们的"创业基地"，因为设施和技术条件的限制，竞争优势不太明显，对国安创客影响不大。所以，国安创客的替代品对企业的威胁不是很大。

5. 同业竞争者的竞争程度

国安创客主要采用打通线上与线下企业办公相融合的模式，集互联网思维的企业服务、创新型办公空间和产业大数据应用媒体于一体，做未来办公的倡导者和实践者。但由于项目本身不盈利，加上国安创客目前的线下出租率和实际成交额并不高,与同行业竞争对手相比,并不占优势。

(三) 商业模式分析

国安创客商业模式九宫格分析如图 1 所示。

重要合作 1. 星瀚资本 2. 联投集团 3. 力合清源	关键业务 服务云+办公云	价值服务 最有价值的 城市运营商	客户关系 全面满足企业发展 生命周期所需	客户群体 1. 创新型的中小微企业 2. 初创企业
	核心资源 "政府引导+市场化运作+专业团队运维"的运营模式		渠道通路 "服务云+办公云"的产品体系,国安创客网站	
成本结构 人力,土地,产业资源,社会资源,平台服务费用				收入来源 空间租赁,金融服务,营销服务,工商服务等

图 1　国安创客商业模式九宫格分析

三、新道公司的商业模式

(一) 公司简介

1. 基本信息

新道公司的基本信息如表 1 所示。

表 1　新道公司的基本信息

公司中文全称	新道科技股份有限公司
英文名称	Seentao Technology Co., Ltd.
证券简称	新道科技
证券代码	833694
法定代表人	郭延生
办公地址	北京市海淀区北清路 68 号用友软件园北区 16E

2. 企业情况

新道公司基本情况如表 2 所示。

表2　新道公司基本情况

股票公开转让场所	全国中小企业股份转让系统
成立时间	2011年4月30日
挂牌时间	2015年10月12日
分层情况	创新层
行业（挂牌公司管理型行业分类）	信息传输、软件和信息技术服务业—软件和信息技术服务业—软件开发
主要产品与服务项目	VBSE系产品、沙盘类产品、ERP for School系产品、I实习系列产品、师资研修和人才培养服务
普通股股票转让方式	做市转让
普通股总股本（股）	218409000
优先股总股本（股）	0
做市商数量	25
控股股东	用友网络科技股份有限公司
实际控制人及其一致行动人	王文京

（二）行业环境分析

企业的行业环境分析主要运用迈克尔·波特（Michael Porter）的波特五力模型，是对行业中存在着的决定竞争规模和程度的五种力量对企业的竞争力展开的系统的分析，进而了解产业的吸引力以及做出适应于现有企业的竞争战略决策。五种力量分别为同行业内现有竞争者的竞争能力、潜在竞争者进入的能力、替代品的替代能力、供应商的讨价还价能力、购买者的讨价还价能力。

1. 供应商的议价能力

新道公司供应商的议价能力整体来讲是较高的，主要体现在以下两个方面。

（1）产品优势。企业的产品优势主要体现在注重产品研发与创新，根据用户需求，灵活调整拓展教学内容、持续迭代产品，新道公司作为供方，供给各企业的产品具有一定特色，以至于买主难以转换或转换成本太高，很难找到可与供方企业产品相竞争的替代品，进而增加了企业作为供应商的议价能力。同时，根据公司产品设计原理、整体架构逻辑、技术实现路径、敏捷迭代方法、回归测试要求，形成在统一平台之下的虚拟商业社会环境（VBSE）系列实践教学领域产品。虚拟商业社会环境数据库经过连续五年更新，已形成一套完整的实践教学数据库。客户可以根据教学内容的需求，通过公司技术平台不断延伸实验室的实训领域，叠加实践教学产品，黏性由此产生，也增加了供应商的议价能力。

（2）先发优势和品牌优势。新道公司因先发优势和品牌优势获得了较好的市场机会。新道公司较早开始从事经管类和创新创业类实践教学软件开发和课程内容研发，并且公司成立之初依托股东在企业管理软件开发的经验和市场基础，经过多年深耕经管综合实践教学和创新创业教育领域，已逐渐形成经过多年检验和修改的产品与服务，逐步形成了企业自己的品牌形象和优势。新道公司已经具有一个比较稳固的市场地位，不易受市场剧烈竞争的影响，供应商的议价能力增加。所以，新道公司的供应商的议价能力较高。

2. 购买者的议价能力

新道公司购买者议价能力主要从教学体系来看，实践教育内容体系完整、庞大，涵盖企业运营管理全景流程、财务管理流程、营销流程、管理信息化实践教学、创业者创业实践教学、门店营销实践教学等各个方面。公司利用现有和正在开发的产品以系列化形式呈现。同时公司在经管和双创学科方面课程体系比较完整，授课内容丰富，案例全面且具有代表性，通过一系列产品的不断叠加、迭代，解决教师、学生、校长、社会的多重痛点，竞争者难以在短时间内全面模仿。所以，新道公司的产品不属于标准化的产品，不易被模仿，购买者就不能对多个卖主的同类产品进行比较，进而购买者的议价能力就会降低。

3. 新进入者的威胁

新道公司已经利用其先发优势和品牌优势，获得了固定的客户群体和稳定的经营收入，占据了市场的先机和份额，形成了品牌的影响力，客户也已经具有了企业的品牌忠诚度，实现了规模经济，这将对于新进入的企业构成较大的进入障碍。而且，新道公司的产品属于高科技产品，研发和时间成本较高，资金的需求也较大，不利于实现规模经济，所以，新进入者的威胁较小。

4. 替代品的威胁

新道科技的产品优势、先发优势和品牌优势构成了企业的核心竞争力，不仅拥有优质的产品和品牌，还占有市场的先机，在软件开发及服务这一第三行业的细分市场中占有一定的市场地位，无论是营业总收入还是其他的市场地位都占到了前20%，市场占有率超过80%，已经在行业中占有领先的地位了，这就降低了该企业产品的替代品威胁。同时，经营与新道科技同类产品的企业并不多，而且还细分各个客户群体，这样企业的替代者数量降低了，替代品的威胁也就减少了。所以，新道科技这一企业的替代品对企业的威胁不是很大。

5. 同业竞争者的竞争程度

新道公司的主营业务是"互联网+教育"，而目前国内"互联网+教育"的细分市场主要可以分为内容提供商和基于软件培训或训练系统整体解决方案的提供商。基于软件培训与训练系统的提供商中，在职业教育中比较具有代表性的上市公司有金智教育（新三板）、联合永道（新三板）和星科智能（新三板）；未上市公司有方宇博业、杭州贝腾、网中网和国泰安。新道科技专注于向经管类专业学生提供模拟实训平台，而目前市场上为经管类职业教育信息化提供系统化解决方案的优质公司较少，所以同行业的竞争程度较低。并且，同行业上市公司主要面向IT职业教育，对该企业不构成威胁，不影响该企业的同行业的竞争程度；而未上市公司的主营业务与新道科技更为类似，但由于企业的竞争水平和面向的客户群体的差别，对于同行业的竞争程度的影响不大。所以，新道科技的同业竞争的竞争程度较低。

（三）商业模式分析

1. 重要伙伴及关键业务

新道科技业务根植于亚太本土最大企业管理软件、企业互联网服务提供商用友集团，也就是"软件+服务"，客户包括本科院校、高职院校、中职院校及各类社会培训机构以及政府。新道科技通过自主研发经管类专业实践教学产品和创新创业类教育产品,为客户提供经管类专业建设、实践教学体系升级、实践技能比赛和创新创业教育等人才培养方案及相关服务。

2. 核心资源

(1) 人力资源。新道科技凭借先进的实践育人理念,依托用友集团467万企业客户最新生产实践、开放的实践教学平台、强大的教育服务体系,与全国近3500所院校及社会机构开展合作,共建实践教学基地近6500个,与235所院校进行专业共建超过350个。新道科技平均每年提供20000人次的师资培养服务;助力合作院校获得36项国家级、省级教学成果奖;连续15年主办沙盘模拟经营大赛,超过23万学生参赛;连续8年支持全国职业院校技能大赛会计技能赛项;连续5年支持全国职业院校技能大赛沙盘模拟企业经营赛项;连续3年支持全国大学生互联网+创新创业大赛;培养学生超过110万人。

(2) 专利和著作权。新道科技自成立以来,始终高度重视研发与创新,目前已获得外观设计专利15项,计算机软件著作权53项,作品著作权13项,并通过ISO 9001:2015国际质量管理体系认证及通过企业信用评价AAA级信用认证。

(3) 云服务及数据。新道公司的云服务软件新道云面向数字化转型和数字化原生企业与公共组织,提供数字化、智能化的企业与公共组织服务,主要包括云课堂、案例坊、云考场、约创等。这些云服务都为企业和个人提供了大量的有效数据和信息,使企业在这个大数据时代中可以更好地服务客户,个人可以更好更快地获取信息和数据。

3. 价值主张

新道科技的价值主张是专业奋斗、成就客户、健康阳光。

4. 客户关系

随着云计算、大数据、人工智能等新一代技术的爆发式发展,经济、教育、人才培养模式以前所未有的全新形态出现在我们面前,"互联网+教育"逐渐成为新的发展趋势。新道科技作为科技型教育服务企业,将基于"智能+教育"理念，以智能+人才培养为抓手，搭建"数字化智能教育云平台"，建设并全面实现院校专业全生命周期数字化教学与大数据评价，构建基于云计算和大数据的场景化云服务。并且，根据人才作为经济社会发展的第一资源，新道科技建立云上行业解决方案，通过实践教学、专业共建、社会服务以及未来混合所有制育人模式的四大核心业务主张，进行校企优势互补、资源共享，经过长期合作最终将达到共赢发展。

5. 渠道通路

新道科技产品和服务的渠道通路具有多样性，根据公司的业务种类以及分类，新道科技的产品和服务通过各类电子商务平台、网上商城、线下门店和经销商等进行销售，包括了线上和线下两大销售渠道，也就是O2O的销售模式。

6. 客户细分

新道科技从客户价值的方面和客户需求的角度对客户进行细分，根据客户的价值主要分为高、中、低端市场；根据客户需求可以分为学生、院校、政府、社会培训机构等。

7. 成本结构

新道公司的成本主要是软件研发的成本，这项在总成本中占有很大的比重，因为公司的一切服务都是基于软件进行的。其次就是人力成本和营销、销售成本，发放职工的薪资和福利，以及在销售过程中产生的费用成本，这些是将产品流通向客户的中间成本，这些保证了企业的长期运营。

8. 收入结构

新道科技的收入包括软件销售收入、支持服务收入、咨询实施收入。软件、咨询与实施是管理软件产业链中相互协作、相辅相成的三大业务板块。软件销售与支持服务作为产业链上的基础环节，占到新道公司主营业务收入的半壁江山。然而，由于行业特性与企业业态的差异，行业化的应用特点以及企业个性化的需求日益凸显，咨询实施应运而生。新道公司构建了从软件、咨询再到实施的完整产业生态链，这样在强化软件研发与销售这一主营业务的同时，也弥补了其在咨询与实施方面的短板。新道公司商业模式九宫格分析如图2所示。

重要伙伴 1. 高等院校 2. 职业院校 3. 社会培训机构及个人 4. 政府	关键业务 软件+服务 核心资源 1. 人力 2. 多项专利和著作权 3. 云服务平台 4. 大量的有效数据	价值主张 专业奋斗、成就客户、健康阳光	客户关系 1. 构建场景化云服务 2. 携手共赢 渠道通路 1. 各类电子商务平台 2. 网上商城 3. 线下门店和经销商	客户细分 根据客户价值分为高、中、低端市场；根据客户需求分为学生、院校、政府等
成本结构 1. 人力 2. 软件研发 3. 营销和销售			收入来源 1. 软件销售收入 2. 支持服务收入 3. 咨询实施收入	

图 2　新道公司商业模式九宫格分析

当前，我国数字经济正迈向消费互联网、工业互联网和政务互联网"三张网"融合发展的新机遇期，云计算、大数据、AI、5G等新一代信息技术的应用，助推我国服务从电子进入数字阶段。因此，新道科技将不断完善商业模式和产品，在现有商业模式基础上，进一步引入新一代信息技术，并且逐步从线下业务向线上延伸，商业模式从B2B向B2B2C延伸，布局软硬件一体的"智慧教育"业务。近几年推出的i实习和ARE系列产品就是开端。而且在国家大力支持职业教育信息化和双创教育的背景下，新道科技发展具有较好的宏观环境。在产品优势、政策利好的背景下，新道科技积极布局"互联网+教育+就业"的生态圈，有利于其在"互联网+教育"这一未来竞争热点领域占领高位。

四、结　论

企业的商业模式与一个企业的发展具有密不可分的联系。然而随着经济社会的发展，商业环境在不断变化，企业的具体商业模式也需要随之不断做出调整。在对国安创客和新道科技有限公司基本信息的了解和商业模式的分析后，我们知道了国安创客以及新道科技有限公司的成功与其商业模式之间的联系，并希望能够对其他企业的发展提供积极的借鉴。

参考文献

[1] 王雨馨,余向群."互联网+"背景下企业财务会计创新路径研究[J].黑河学院学报,2019,10(6):65-67.

[2] 刘海永.用友新道布局管理与信息化教育[J].中国教育信息化,2011(11):89.

[3] 老鱼.以计算之名向世界输出中国云能力[J].互联网周刊,2017(17):25.

[4] 李峤,黄庆涛."互联网+教育"混合教学模式下高校计算机教学的创新与突破研究[J].才智,2019(21):147.

[5] 严良.关于《移动互联网教育生态系统发展战略》的思考[J].智库时代,2019(34):190,192.

[6] 刘雨桐.试论直销式贸易企业的营运资金管理[J].榆林学院学报,2017(1):76-79.

[7] 王力民,沈霜洁.基于"互联网+"战略的直销模式研究[J].长春大学学报,2017(1):29-32.